J. G. Meyer

Der Obstbaumschnitt und die französische Obstbaumzucht

J. G. Meyer

Der Obstbaumschnitt und die französische Obstbaumzucht

ISBN/EAN: 9783742899026

Hergestellt in Europa, USA, Kanada, Australien, Japan

Cover: Foto ©Lupo / pixelio.de

Weitere Bücher finden Sie auf **www.hansebooks.com**

Der

Obstbaumschnitt

und die

französische Obstbaumzucht.

Die Erziehung der Obstbäume, ihre Pflege, Unterhaltung
und Krankheiten.

Mit einem Verzeichniß der vorzüglichsten und werthvollsten Obstsorten.

Nach den neuesten Verbesserungen und Erfahrungen.

Für
Gärtner, Baumschulen=, Guts= und Gartenbesitzer,
Obstzüchter und Landwirthe.

Von

J. G. Meyer,
Handelsgärtner in Ulm.

Mit 16 in den Text gedruckten Holzschnitten.

Berlin 1871.
Verlag von Julius Springer.
Monbijouplatz 3.

Inhalts - Verzeichniß.

Allgemeiner Obstbaumschnitt.

Die Gestalt des Obstbaumes ist von dem Baumschnitt abhängig, ursprünglich gab es nur fruchttragende Sträucher, selbst der gegenwärtig noch häufig in unsern Wäldern wild wachsende Apfelbaum, Pyrus Malus L., wird von seiner ursprünglichen Gestalt als Strauch nur dadurch zum Kronenbaum erzogen, daß ihm von den Holzhauern, gleichwie dies bei den übrigen Waldbäumen der Buche, Eiche, Birke 2c. geschieht, alljährlich einige seiner untersten Aesten hinweggenommen werden. Durch den Schnitt beabsichtigt man aber den Obstbäumen nicht nur eine schöne und regelmäßige Form zu geben und sie in derselben zu erhalten, sondern auch den Saftfluß in allen ihren Theilen möglichst gleichförmig zu vertheilen, ihre kräftige Gesundheit und Lebensdauer zu verlängern und eine reiche Fruchtbarkeit dadurch zu befördern, daß man das unnütze Holz hinwegnimmt, die zum Fruchttragen bestimmte Zweige beschneidet und bei, durch eine zu reiche Fruchtbarkeit, oder durch das Alter entkräfteten Obstbäumen auf einen kräftigen Holztrieb hinwirkt, sie gleichsam stärkt und wieder verjüngt. Der Obstbaumschnitt bildet den wichtigsten Theil der Obstbaumzucht, die zweckmäßige Ausführung desselben erfordert aber eine sehr genaue Kenntniß und Berücksichtigung der so sehr verschiedenen Eigenschaften unserer Obstgattungen und der hierauf einwirkenden Verhältnisse.

Man unterscheidet: a) Winterschnitt und b) Frühlings= und Sommerschnitt.

a) Winterschnitt.

Allg. Bestimmungen. Jeder Obstbaum soll nur mit einem scharfen Gartenmesser und nicht mit einer Scheere be= schnitten werden. Der Zweigschnitt an diesen Bäumen soll deßhalb mit einem scharfen Messer und auch möglichst rasch aus= geführt werden, damit die Rindentheile an der geschnittenen Fläche nicht zersplittern, wie dies so häufig mit nur wenig scharfen und abgenutzten Baumscheeren geschieht, wodurch das Regenwasser und auch der Frost oft bis zu dem letzten Auge vordringt und demselben schadet. Bei den Obstbäumen mit mehr hartem, nur wenig markigem Holz, führt man den Schnitt so nahe wie möglich über dem bestimmten Auge, ohne aber dasselbe zu verletzen; man setzt die Messerklinge auf den Theil des Zweiges, welcher dem Auge entgegen gesetzt ist, über welchem geschnitten werden soll, etwas höher an und schneidet aufwärts so, daß dieser Schnitt eine längliche und schiefe Fläche bildet, welche etwas über, oder in einer gleichen Höhe mit dem oberen Theil, der Spitze dieses Auges endigt. Fig. 1.

Fig. 1. Diese schiefe Fläche des Schnittes gestattet dem bei vielen Gewächsen, besonders bei einem mehr späten Schnitt stark abfließendem Saft auf der anderen Seite des letzten Auges einen ungehinderten Abzug, ohne sich auf das geschnittene Auge zu ergießen. Schneidet man Bäume und Sträucher mit zartem und markigem Holz, besonders solche mit sehr reichlichem Saftfluß, so muß der Schnitt über dem letzten, einem beschnittenen Zweig noch verbleibenden Auge $1/2$—$3/4$ Zoll höher, oder in der Mitte von 2 Augen geführt werden, da in der Regel das Ende dieser geschnittenen Zweige vertrocknet, wodurch sich an dem letzten Auge nach und

nach ein dürrer Stumpf bildet, von welchem zuletzt das Auge selbst ergriffen wird, und nimmt sodann später diesen trockenen Stumpf über dem Auge hinweg; oder man schneidet bei einem mehr frühen Schnitt etwas höher über diesen Augen, wie dies bei dem Kernobst geschieht, und überstreicht diese Schnittwunden sogleich mit flüssigem Pfropfwachs.

Sollen Zweige, schwächere und stärkere Aeste an den Obstbäumen gänzlich abgenommen werden, so schneidet man diese an ihrem Ursprung an den Aesten oder dem Stamm mit einer guten Baumsäge ab und den mit der Säge gemachten Schnitt mit einem scharfen Messer glatt, so daß an denselben keine Erhöhung, Stumpf stehen bleibt, und überstreicht kleinere Schnittwunden mit Pfropfwachs, größere mit einer guten Oelfarbe, Baumsalbe oder bedeckt sie mit Baumkitt.

Die Zeit des Schnittes. Mit dem Schnitt der Obstbäume kann in dem Monat November, sobald diese Bäume ihr Laub abgeworfen haben, begonnen und diese Arbeit bis zu dem Eintritt der Saftbewegung in dem Monat März und April fortgesetzt werden, doch ist ein zu frühe unternommener Zweigschnitt mit Ausnahme derjenigen Weinstöcke, welche über Winter bedeckt werden, stets von den nachtheiligsten Folgen, da die Zeit zu lange andauert, wo der beginnende Safttrieb den beschnittenen Theilen der Bäume wieder neue Nahrung zuführt, um diese Schnittwunden mit neuen Rindentheilen zu überwallen, wodurch die durch den Schnitt verursachten Wunden eine sehr lange Zeit den nachtheiligen Einflüssen der Luft, Nässe, Kälte und des Reifes ausgesetzt würden; selbst das sogenannte Ausputzen der Obstbäume, bei welchem allen dürren, halbdürren, die sich kreuzenden und reibenden Aeste und Zweige, die Wuchertriebe, (Wasserschosse, Räuber ꝛc.) an denselben hinweggenommen werden, ist schon frühzeitig unternommen, diesen Bäumen schädlich, und man würde auch hier zweckmäßiger verfahren, diese Arbeit mehr gegen den Frühling hin zu unternehmen, wo die Jahres-

zeit schon soweit vorgerückt ist, um für diese Bäume keine so
großen Nachtheile durch ungünstige Witterungseinflüsse befürchten
zu dürfen. Doch auch zu der Zeit des Safttriebes sollten die
Obstbäume nicht beschnitten werden, es würden dadurch dem
Saftfluß zu viele Ausgänge eröffnet, durch die er sich, wie dies
besonders bei den mehr saftreichen Gewächsen der Fall ist, er=
gießt, anstatt zu der Belebung der Augen, der Ausbildung von
Zweigen, Blättern, Blüthen und Früchten, wozu ihn die Natur
bestimmte, dienen zu können. Mit dem Zweigschnitt der Obst=
bäume sollte man nicht eher beginnen, als bis zu der Zeit in
dem Frühling, wo als ziemlich sicher angenommen werden kann,
daß in wenigen Wochen der Safttrieb dieser Bäume wieder be=
ginnt, das bei unsern klimatischen Verhältnissen zu Anfang,
Mitte und Ausgang des Monat März meistens der Fall ist;
nur bei einer ausnahmsweisen frühen und guten Frühlings=
witterung wird diese Arbeit etwas früher unternommen werden
können. Wird die Zeit eines mehr späteren Schnittes benutzt,
so beginnt man, damit diese Arbeit noch rechtzeitig beendigt wird,
mit den früh treibenden Obstgattungen, den Aprikosen=, Pfirschen=,
Pflaumen=, Zwetschgen=, Kirschen= und Birnen, und endigt so=
dann mit den spät treibenden, den Apfelbäumen.

Die Ausführung des Schnittes. 1) Jeder Schnitt,
welcher an den Zweigen eines Obstbaumes gemacht wird, hat
stets über einem solchen starken, kräftigen und vollkommen aus=
gebildeten Auge zu geschehen, dessen Spitze dahin gerichtet ist,
in welcher Richtung man den aus diesem Auge kommenden
neuen Zweig hinlenken will. Es ist dies bei dem Schnitt aller
Obstbäume, in welcher Form sie auch erzogen werden sollen,
oder schon erzogen sind, die nur allein gültige Regel; wird diese
nicht sehr sorgfältig beachtet, so ist die Bildung einer schönen
und später reichlich fruchtbaren Krone unmöglich, indem hierdurch
eine Menge unnützer Zweige erzogen würden, wodurch der

Safttrieb der Bäume irre geleitet und unnützer Weise verschwendet wird.

2) Der Safttrieb eines Baumes entwickelt auf einem mehr kurz geschnittenen Zweige weit stärkere und kräftigere Austriebe, wie auf einem mehr lang geschnittenen. Denn da ein mehr kurz geschnittener Zweig eine geringere Anzahl von Augen zu ernähren hat, wie ein mehr lang geschnittener, so müssen auch die Austriebe aus diesen wenigen Augen kräftiger und stärker werden. Treibt die Seite der Krone eines Obstbaumes stärkere und längere Zweige, wie die andere, so schneidet man die Zweige der mehr schwächlichen Seite um 1—2 Augen kürzer, wodurch diese schwächere der stärkeren Seite bald gleich wird.

3) Jeder Obstbaum, in welcher Form derselbe auch erzogen wird, oder schon erzogen ist, muß, soviel dies nur irgend möglich ist, überall gleichviel Holz, Blätter, Blüthen und Früchte haben, wo Mangel stattfindet, muß durch einen richtigen Schnitt nachgeholfen werden. Die kräftige, dauernde Gesundheit und reiche Fruchtbarkeit eines Baumes ist nur von einer gleichen Vertheilung seines Saftes in allen Theilen seiner Krone, den Aesten und Zweigen abhängig. Sobald ein oder der andere Ast oder Zweig durch einen unrichtigen Schnitt oder eine unzweckmäßige Richtung mehr Saftzufluß denn ein anderer erhält, so bildet sich dieser kräftiger aus, während der andere abmagert. Bei den schon älteren und tragbaren Obstbäumen läßt sich eine ungleiche Vertheilung des Saftflusses nur schwer wieder verbessern, das bei der Bildung der Kronen an den jungen Bäumen in der Baumschule so leicht möglich ist und auch bei dem später vorzunehmenden Verpflanzen und dem in jedem Frühling vorkommenden Schnitt dieser Bäume ist eine gleiche Vorsicht nöthig, da sich zu dieser Zeit der Safttrieb dieser Bäume sehr leicht zu der Bildung einer gleichförmigen und schönen Krone verwenden läßt, weil man es hier mit nur wenigen und schwächlichen Zweigen zu thun hat. Es müssen daher alle Schnitte an den

Zweigen eines noch jüngeren Baumes dergestalt ausgeführt wer=
den, daß ein möglichst gleiches Verhältniß zwischen seinen Haupt=
zweigen, den späteren Hauptästen des Baumes erhalten wird.

Da nun aber eine möglichst gleichförmige Vertheilung des
Saftflusses von dem richtigen Verhältnisse der Wurzeln zu den
Aesten und Zweigen eines Baumes bestimmt wird, so soll auch
bei dem Verpflanzen der Bäume der Schnitt an ihren Aesten
und Zweigen stets in einem richtigen Verhältniß zu ihren vor=
handenen Wurzeln stattfinden. Je mehr ein Baum durch das
Ausgraben, den Transport, oder durch andere Veranlassungen
an seinen Wurzeln verliert, desto stärker müssen seine Aeste und
Zweige zurück geschnitten und oft einige von ihnen abgenommen
werden. Von den Wurzeln schneidet man nur diejenigen aus,
welche durch das Ausgraben beschädigt oder durch den Trans=
port vertrocknet sind, niemals schneide man an gesunden und
unbeschädigten Wurzeln. Die Wurzeln sind die wichtigsten
Theile der Gewächse, zu der Aufnahme und Verarbeitung ihrer
Nahrung bestimmt, sie können aber nur dann ihrer Bestimmung
genügend entsprechen, wenn sie in einem richtigen Verhältnisse
zu dem Stamm und der Krone des Baumes und in einem
gesunden lebensthätigen Zustande vorhanden sind; sind diese
Wurzeln krank oder beschädigt, so können sie diese ihre Aufgabe
nur sehr mangelhaft erfüllen.

4) Nicht nur auf die äußeren Theile der Kronen, sondern
auch auf das Innere derselben sollen Licht, Luft und Wärme
ungehindert einwirken können. Aeste und Zweige, auf welche
Licht, Luft und Wärme nur ungenügend einwirken, wachsen lang
und schwächlich auf und bleiben unfruchtbar. Man muß bei
der Anzucht junger Obstbäume durch einen richtigen Schnitt
nicht nur auf eine möglichst gleichförmige Vertheilung und
Stellung ihrer Kronenzweige, den künftigen Hauptästen, sondern
auch noch dahin zu wirken suchen, daß Luft, Licht und Wärme
auch auf das Innere dieser Baumkronen einwirken können, d. h.

in dem Innern dieser Kronen keine einwärts wachsenden und sich kreuzenden Zweige aufkommen lassen. Findet man an schon älteren hochstämmigen, oder den Zwerg=Obstbäumen durch eine früher vernachlässigte Pflege das Innere ihrer Kronen mit dicht= stehenden Aesten und Zweigen angefüllt, so müssen diese nach und nach ausgelichtet und auch das dürre und halbdürre Holz ausgenommen werden.

5) Der Saft eines Baumes strebt von den Wurzeln durch den Stamm so senkrecht wie möglich in die Aeste und Zweige aufzusteigen und ist daher in den mehr senkrechten Aesten und Zweigen in Ueberfluß vorhanden, während Aeste und Zweige in einer anderen Richtung Mangel leiden und weniger Holz=, aber desto mehr Fruchttriebe entwickeln. Auf dieser Wahrneh= mung beruht das Niederbeugen oder das Herabneigen der mehr aufrechtstehenden Aesten und Zweigen als ein vorzügliches Mittel zu einer gleichförmigen Vertheilung des Safttriebes und der Beförderung der Fruchtbarkeit der Obstbäume. Man sucht näm= lich durch das Niederbeugen der mehr aufrechten Aesten und Zweigen ihren Holztrieb zu mäßigen und die Bildung von Fruchtholz zu befördern, während man in dem entgegengesetzten Fall solche Aeste und Zweige, welche in ihrem Wachsthum gegen die andern zurück sind, mehr in die Höhe richtet und diese bei= den so lange in dieser Richtung läßt, bis sie ein mehr gleich= förmiges Wachsthum angenommen haben. Durch eine mehr aufrechte Stellung und wenn nöthig kurzen Schnitt erhält man einen überaus kräftigen Holztrieb. Wuchertriebe (Wasserschosse, Räuber 2c.) entwickeln daher stets eine sehr starke Triebkraft, besonders wenn sie, wie dies so oft geschieht, kurz geschnitten werden. Am besten man nimmt diese Austriebe sogleich bei ihrem Erscheinen an den Stämmen und Aesten glatt hinweg, oder schneidet diese, wenn sie schon eine ziemliche Stärke erreicht haben, lang, kneipt ihnen die Spitzen ab und sucht sie durch das Niederbeugen an für sie passenden Stellen zur Fruchtbarkeit

zu zwingen, oder für einen abgegangenen, einen neuen Ast an=
zuziehen.

6) Aeltere, schon theilweise kahl gewordene Aeste bringen
keine jungen Austriebe mehr hervor, außer wenn sie durch einen
starken Schnitt, wie dies durch ein theilweises oder gänzliches
Verjüngen geschieht, hierzu veranlaßt werden. Bei der Anzucht
und Bildung, mehr noch aber bei dem später alljährlich vorzu=
nehmenden Schnitt der Spalierbäume 2c. ist sehr sorgfältig darauf
zu achten, daß man an den unteren Theilen der Hauptäste eine
entsprechende Anzahl junger Austriebe beibehält, um das Innere
dieser Bäume damit ausfüllen zu können. Sind diese Stellen
einmal kahl, so hält es schwer, neue Austriebe daselbst anzu=
ziehen, das nur geschehen kann, wenn diese Aeste theilweise oder
gänzlich abgenommen werden.

7) Je mehr der Safttrieb eines Baumes bei seiner Circu=
lation Hindernisse findet, desto mehr Fruchtholz gebildet wird.
Auf dieser Wahrnehmung beruhen bekanntlich die zu der Be=
förderung der Fruchtbarkeit der Obstbäume in Anwendung kom=
menden Mittel: das Herabneigen und Niederbeugen der Aeste
und Zweige, des Fruchtbandes, das Aderlassen oder Schröpfen,
der Ringelschnitt, das Drehen der Aeste und das Krümmen und
Umbiegen der Zweige 2c. Man halte aber hierbei weislich Maß
und Ziel, denn je mehr ein Obstbaum zur Fruchtbarkeit ge=
nöthigt wird, desto bälder wird derselbe entkräftigt und erschöpft,
während derselbe bei einer Zunahme an Holzwuchs an Kräften
gewinnt. Dies ist besonders bei den noch jungen oder mehr
schwächlichen Bäumen sehr zu berücksichtigen, um diese nicht all=
zufrühe, bevor sie gehörig erstarkt sind, zur Fruchtbarkeit zu
zwingen; besonders erfordern die Spalierbäume in dieser Hin=
sicht eine besondere Aufmerksamkeit, damit man ihnen nicht mehr
Fruchtknospen läßt, als diese, ohne ihre Kräfte zu erschöpfen,
auch Früchte zu tragen vermögen und sucht durch einen schon
frühzeitigen Schnitt dahin zu wirken, daß die Frucht= und Holz=

triebe in einem richtigen, der Stärke und Kräfte dieser Bäume zuträglichen Verhältniß zu einander stehen. Dadurch erntet man fast alljährlich eine ziemliche Menge sehr schöner Früchte, ohne daß diese Bäume an Kräften verlieren und ihre Gesundheit vernichtet wird.

Schnitt auf Fruchtbarkeit. Der junge Obstbaum wächst vorerst eine Reihe von Jahren in Holz, d. h. er bildet an seinen kräftig wachsenden Zweigen nur Holzaugen, erst später, wenn seine Holztriebe ein mehr gemäßigtes Wachsthum entwickeln, bildet er sodann auch Fruchtaugen. Das **Holzauge** oder die **Holzknospe** (s. Fig. 1.) sitzt in regelmäßigen Zwischenräumen an den jungen Zweigen, es ist dünn, mager, länglich und in eine Spitze verlängert, welche in dem Anfang des Wachsthums etwas gekrümmt ist. Die Schuppen des Holzauges, welche den noch unentwickelten Zweig umhüllen, sind weniger stark und dicht, wie bei dem Fruchtauge. Außer diesen Holzaugen befinden sich an den verschiedenen Theilen der Bäume und Sträucher noch weitere, die r u h e n d e n Augen, diese stehen meistens an dem alten Holz, sind nur wenig sichtbar und treiben erst dann aus, wenn das Holz über denselben zurück geschnitten, oder die Spitze des Astes oder Zweiges abzusterben beginnt. Die sogenannten v e r b o r g e n e n Augen, Adventivknospen, welche aus einem jeden Theil des Stammes, der Aeste und auch der Wurzeln zum Vorschein kommen und auszutreiben beginnen, wenn die über ihnen liegenden Theile eines Baumes ꝛc. auf irgend eine Weise geschwächt, beschädigt oder entfernt werden und selbst auch aus den Wurzeln ausbrechen, wenn diese nahe an der Oberfläche der Erde liegen, wie dies bei den Zwetschgen- und Pflaumenbäumen sehr oft geschieht. Diese Augen werden durch eine Abnahme der Aeste und Zweige der Bäume und Sträucher, wie dies durch das Verjüngen geschieht, gezwungen, sich zu entwickeln und junge Zweige auszutreiben, mit welchen sodann die abgenommenen Aeste wieder ersetzt werden können und die Baumkrone auf's Neue gebildet wird.

Das **Fruchtauge**, die **Frucht- oder Blüthenknospe** ist bedeutend größer, dicker, von mehr runder Form und auch dichter und stärker in Schuppen eingehüllt, wie das Holzauge. Diese Fruchtaugen stehen bei den verschiedenen Gattungen unserer Obstbäume entweder auf oder an der Spitze der Zweige, sie zeigen sich bald an dem alten Holz, wie bei den Apfel- und Birnenbäumen, bald an den einjährigen Zweigen, wie bei dem Steinobst, und befinden sich auch an den Enden dieser einjährigen Zweige, wie bei dem Mispel-, Quitten- oder Maulbeerbaum ꝛc. Das Fruchtauge der Apfel- und Birnenbäume steht auf der Fruchtruthe, es ist dies ein kleines 2—6 Zoll langes Aestchen mit glatter Rinde und kleinen, schwächlichen Augen; man findet diese Fruchtruthen auf allen Theilen eines fruchtbaren Baumes. Der Fruchtspieß ist ein kleiner ½—4 Zoll langer Zweig und der Träger des Fruchtauges, das sich oben an seiner Spitze befindet, anfänglich nur schwächlich und mehr spitzig ist, nach und nach aber immer mehr rund und voll wird und sich zu dem eigentlichen Fruchtauge umbildet. Zu einer solchen vollkommenen Ausbildung sind in der Regel 3 bis 4 und auch mehrere Jahre erforderlich, doch sind einige Varietäten des Apfelbaumes bekannt, wo die förmliche Umbildung dieser Fruchtaugen früher vollendet wird. In dem ersten Jahre der Bildung des Fruchtspießes bringt die Knospe, aus welcher sich derselbe entwickelt, anstatt wie gewöhnlich ein Blatt und einen Holzzweig auszutreiben, 3 Blätter und einen kleinen Stiel hervor, welcher als der Anfang des Fruchtspießes zu betrachten ist. In dem folgenden Jahre wird diese Knospe mehr rund, dick und wulstig, sie treibt 4—5 Blätter und der Fruchtspieß ist gegen einen halben Zoll lang geworden. In dem dritten Jahre treibt die Knospe 5—6 Blätter, sie erweitert sich immer mehr und mehr, wird größer und stärker, die Rinde runzelt sich um den kleinen Fruchtspieß ring= und wulstförmig zusammen, wodurch tiefe und regelmäßige Falten gebildet werden, und der Frucht= spieß hat sich noch mehr verlängert, an seinen Seiten, nahe und an dem unteren Theil der ersten Knospe, entwickeln sich jüngere

Fig. 2.

Knospen, welche in den folgenden Jahren wieder neue Knospen hervor= bringen, worauf sich sodann aus der sehr stark, voll und rund ausgebilde= ten ersten Knospe die Blüthen ent= wickeln. Der Fruchtspieß hat nun seine ganze Länge und Ausbildung erreicht, er ist stark, kräftig und die wulstförmige Rinde um ihn sehr stark gefaltet. Fig. 2.

Der **Fruchtzweig**, **Fruchtast**, erreicht eine Länge von 4 bis 6 Zoll, ist meistens mit einer ziemlichen Anzahl von Fruchtspießen und kleinen Fruchttrieben besetzt, man findet ihn besonders häufig auf reichlich fruchtbaren Birnenbäumen, wo derselbe fast alljährlich trägt. An den schon älteren, kräftigen und starken Bäumen können ohne Schaden eine ziemliche Anzahl dieser Fruchtzweige verbleiben, dagegen müssen diese bei noch jungen schwächlichen oder kränklichen Bäumen auf eine den Kräften derselben entsprechende Anzahl vermindert oder schon zeitig unterdrückt und hinweggenommen werden.

Bei dem Steinobst stehen die Fruchtaugen an den einjähri= gen Zweigen, meistens 1 bis 2 Fruchtknospen neben einem Holzauge. Fig. 3. Oder es bilden sich, wie dies bei dem Pfirsichbaum durch den **Bouquetzweig** oder das **Sträußchen** der Fall ist, auf einem nur kurzen Träger 4 bis 5 Fruchtaugen vereinigt, in dessen Mitte sich ein Holzauge befindet. Fig. 4. Diese Bouquetzweige erscheinen stets nur an dem alten Holz und geben die schönsten Früchte; man schneidet sie daher nicht, außer da, wo mehrere derselben nahe beisammen stehen. Die

Fruchtaugen des Steinobstes sind rund, dick und je nach der
Zeit mit einem Laubauge (Holzauge) versehen, um den Saft
den Fruchtaugen so lange zuzuführen, bis diese vollständig aus=

Fig. 3.   Fig. 4.

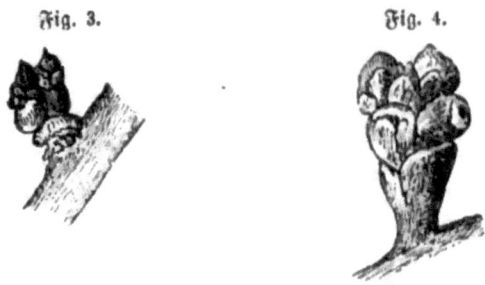

gebildet sind, worauf dasselbe als unnütz abfällt. Bei dem
Schnitt des Steinobstes ist auf die Frucht= und Holzaugen sorg=
fältig zu achten, indem die ersten meistens unfruchtbar bleiben,
wenn sie von keiner Holzknospe begleitet sind, oder diese hinweg=
geschnitten wird. Man sollte daher besonders den Pfirsichbaum
nicht eher beschneiden, als bis man sieht, daß sich die Holzaugen
entwickeln. Bei dem Schnitt dieses Baumes ist ferner die
Regel sehr wichtig, daß jeder Fruchtast nicht mehr trägt, wenn
er einmal seine Früchte gegeben hat, worauf die Fruchtäste bis
auf ein kurzes Stückchen des Fruchtzweiges abgenommen werden
müssen, um neue junge Fruchtzweige zu gewinnen, welche sich
aus den Augen des stehen gebliebenen Stumpfes entwickeln.
Diese Wahrnehmung hat bei dem Schnitt des Pfirsichbaumes
zu derjenigen Verrichtung geführt, welche man die Ersetzung,
d. h. die Ersetzung des abgängigen und unnützen, durch neues
und junges Fruchtholz nennt. Auch die übrigen Steinobst=
gattungen müssen durch das Auslichten ihres älteren Holzes stets
kräftig beschnitten werden, indem alle Zweige, welche Früchte
brachten, nicht mehr fruchtbar sind. Je mehr man sich bemüht,
immer junges Holz zu gewinnen, desto reichlicher werden auch
die Fruchternten sind; doch ist aber auch hier, gleichwie bei dem

Kernobst, die mehr oder weniger kräftige Ausbildung, Stärke und das Alter dieser Bäume sehr zu berücksichtigen, um sie durch einen zu reichlichen Fruchtansatz nicht allzusehr zu erschöpfen.

b) Frühlings- und Sommerschnitt.

Nach dem Anheften der durch den Winterschnitt geordneten Bäume folgt mit dem Eintritt der Vegetation der **Frühlings-** und auch der **Sommerschnitt.** Diese Arbeit beschränkt sich darauf, die überflüssigen Austriebe hinwegzuschaffen, die für die Form der Bäume, ihre Kräfte und Stärke, d. h. die zu einem regelmäßigen Safttrieb erforderlichen Zweige zu ordnen und dadurch auch auf das gehörige Ausreifen der Früchte hinzuwirken. Es bilden sich an einem jeden Obstbaum stets mehr Austriebe, als dies für die Form und den geregelten Safttrieb desselben nöthig ist, und es müssen diese schon zeitig wieder entfernt werden, sobald sie etwa 1—1½ Zoll lang sind, damit den Bäumen keine so großen und schädlichen Verwundungen beigebracht werden dürfen. Solche Austriebe, welche zu der weiteren Ausbildung der Bäume erforderlich sind, werden geordnet und angeheftet, andere zurück geschnitten und entspitzt, um sie in ihrem Wachsthum aufzuhalten und nach und nach zu Fruchtholz umzubilden, oder Doppelzweige aus ihnen zu erziehen.

Dieses Ausbrechen aller überflüssigen, dem Ordnen und Anheften und dem Entspitzen der zu Fruchtholz oder zu der Erziehung von Doppelzweigen bestimmten jungen Trieben hat besonders bei den Spalierbäumen äußerst sorgfältig zu geschehen. Man nimmt an ihnen alle auf der vorderen und hinteren Seite der Spaliere sich entwickelnden Austriebe schon zeitig an den Aesten und Zweigen hinweg und drückt die Augen mit den Fingern ab, weil man ihre Zweige nicht anbinden kann, ohne diese Bäume zu verunstalten, gleichzeitig nimmt man auch alle an dem Stamm und dem Wurzelhals hervorsprossenden Aus-

triebe noch klein, an ihrem Urſprung hinweg, da dieſe die Nähr=
ſtoffe des Baumes nur unnöthigerweiſe verbrauchen würden und
ſpäter, wenn ſie mehr erſtarkt abgenommen, die Veranlaſſung
zu ſchädlichen Verwundungen bilden würden. Die Hinweg=
nahme der an den Kronen der Bäume entſtehenden Austriebe
darf aber nicht zu frühe geſchehen, damit nicht falſche Austriebe
gebildet werden, die eine Menge des Nahrungsſaftes unnöthiger=
weiſe verbrauchen und Unordnung bei dem folgenden Schnitt
dieſer Bäume verurſachen würden. Zu dieſer Zeit werden ſo=
dann alle Zweige, welche beibehalten wurden, in derjenigen Lage
und Richtung angeheftet, in welcher ſie in Zukunft verbleiben
ſollen.

Dieſes Abkneipen oder Entſpitzen der jüngeren Austriebe
auf zwei ihrer unteren, ſchon kräftig ausgebildeten Augen, das,
wie erwähnt, zu der Erziehung von Fruchtholz oder zu der von
Doppelzweigen ſtattfindet, wird bei allen Obſtgattungen und zu
jeder Zeit des Sommers, doch erſt dann vorgenommen, wenn
die hierzu beſtimmten Austriebe unter den Holzzweigſpitzen eine
Länge von 3—4, und diejenigen, welche ſich auf den Frucht=
zweigen ſelbſt oder in ihrer Nähe befinden, eine ſolche von
8—10 Zoll erreicht haben. Dieſe Verrichtung, vorausgeſetzt,
daß ſie nicht zu frühe unternommen wird, iſt ein ſehr gutes
Mittel, um junge Bäume in ihren regelmäßigen Formen zu
bilden und ältere Bäume in denſelben zu erhalten. Treibt das
obere Auge eines entſpitzten Zweiges wiederholt aus, ſo wird
die Spitze deſſelben nochmals abgekneipt. Das Entſpitzen wirkt
beſonders bei dem Pfirſichbaum ſehr vortheilhaft auf die Erſatz=
zweige, doch darf daſſelbe bei nur ſchwach treibenden Bäumen
nicht zu häufig und erſt dann angewendet werden, wenn die
hierzu beſtimmten Triebe 10—15 Zoll lang ſind.

An den Kernobſtbäumen müſſen die überflüſſigen Sommer=
triebe möglichſt frühzeitig hinweg genommen, die anderen ent=
ſpitzt werden, man erlangt dadurch, daß die unteren Knoſpen

sich früher zu Fruchtholz umbilden und läßt die verkürzten Zweige auch ziemlich lang. Befinden sich zwei solcher Triebe nahe beisammen, so kürzt man von diesen zuerst den stärkeren und später auch den schwächeren, doch nur an ihren weichen Spitzen ein. Stehen drei und auch mehrere solcher Zweige nahe beisammen, so schneidet man die mehr schwächlichen gänzlich aus und kürzt nach und nach die noch übrigen ein. Den Apfel= und Birnen=Zwergbäumen ist dieser Schnitt besonders förderlich, indem dadurch eine Anzahl von Sommertrieben entfernt, andere verkürzt werden, um schon zeitig Fruchtholz zu gewinnen, und man behält nur diejenigen gesunden und kräftigen Triebe un= verkürzt bei, um leere Stellen mit ihnen auszufüllen.

Der diesem Frühlingsschnitt schon zeitig folgende Sommer= schnitt ist nur eine eigentliche Nachhilfe der früher vorange= gangenen Schnittverrichtungen und wird im Allgemeinen auf die gleiche Weise wie der Frühlingsschnitt ausgeführt, wobei nach Bedürfniß nachgeholfen und falsche Austriebe dadurch verbessert werden, daß man sie über ihren untersten und kräftigsten Trieben schneidet. An den Pfirsichbäumen werden sodann auch diejenigen Fruchtzweige, welche keine Früchte zeigen, nach unten zurück ge= schnitten. Später, in dem Monat August, schreitet man sodann zu dem zweiten, oder dem späten Sommerschnitt, derselbe wird besonders bei dem Steinobst angewendet, und ist als sogenannter Vorbereitungsschnitt für das Fruchtholz zu betrachten. Es wer= den bei demselben solche Austriebe, welche früher nicht geschnitten wurden, auf 3—4 Augen eingekürzt, um sie in der Folge zu Fruchtholz zu erziehen.

Eine weitere, dahin gehörige Verrichtung, das **Ablauben** oder **Entblättern** der Bäume und Sträucher, um den von Blättern bedeckten Früchten mehr Licht, Luft und Sonne zu verschaffen und das schnellere Ausreifen derselben zu befördern, wirkt im Allgemeinen sehr schädlich, und es ist weit besser, wenn diese Arbeit, wodurch die Bäume ꝛc. in ihren Kräften zu sehr ermatten, die Früchte wohl schneller gefärbt, doch nicht früher weich und reif werden, ganz unterbleibt. Muß man bei un= regelmäßig erzogenen Pfirsichbäumen und Weinstöcken ꝛc. ein solches Ausblatten vornehmen, so nehme man diese Blätter mehr spät und auch nur sehr sparsam mit einer Scheere hinweg, um die Blattstiele mit noch einem Theil der Blätter den Bäumen ꝛc. zu erhalten. Die Blätter sind die wichtigsten Theile der Ge= wächse, mit unzähligen Poren (kleinen Löchern der Haut) ver= sehen, durch welche die Einathmung und auch die Ausdünstung derselben stattfindet, wodurch die eigentliche Mischung und Zer= setzung der Säfte und dadurch nicht nur das Wachsthum und die kräftige Entwickelung der Pflanzen, sondern auch das An= setzen, die Ausbildung und das Reifen ihrer Blüthen und Früchte bewirkt wird. Diese Poren haben eine ähnliche Ver= richtung, wie die Schweißlöcher der thierischen Haut, durch die saugt auch die Pflanze Luft, Feuchtigkeit und Wärme ein und durch sie findet eine Ausdünstung statt, wodurch die Bewegung des Saftes, gleichwie der Kreislauf des Blutes in dem thierischen Körper befördert und unterhalten wird.

In Verbindung mit der Regulirung der Austriebe wird bei den Pfirschpalieren auch das **Ausbrechen** oder das **Verdünnen ihrer Früchte** vorgenommen, sobald diese die Größe einer Erbse erreicht haben. Es geschieht dies mehrere Male mit einer Scheere; man nimmt zuerst nur von jenen Früchten, welche gehäuft beisammen stehen, einige hinweg, zum zweiten Male verdünnt man sie, wenn sie die Größe einer Stachelbeere erreicht haben, und zum dritten Male an dem Schluß der Steinbildung. Im Allgemeinen gilt als Regel, daß man den jungen und mehr schwachen Bäumen weniger Früchte läßt, wie den mehr starken und kräftigen, und daß großfrüchtige Sorten stärker verdünnt werden müssen, wie die kleinfrüchtigen.

Dasselbe Verfahren muß auch bei den noch jungen und schwächlichen, oder älteren und kränklichen Zwergbäumen anderer

Obstgattungen eingehalten werden; man läßt ihnen nur so viele Früchte, welche diese gut zu ernähren im Stande sind, ohne ihre Kräfte zu sehr abzuschwächen, bricht einen Theil der kleineren und schwächlichen Früchte aus und begnügt sich lieber mit nur wenigen, aber schönen, großen und schmackhaften Früchten. In Frankreich, wo bekanntlich sehr vorzügliches Tafelobst erzogen wird, nimmt man an allen älteren und kräftigen Spalierbäumen mit etwa 20—30 Früchtenbüscheln 5 Wochen nach dem Frucht= ansatze da, wo 4—5 Früchte nahe beisammen stehen, die schwächste Frucht davon aus. Nach weiteren vier Wochen wird abermals nachgesehen, und 2 weitere Früchte davon ausgebrochen, welche in ihrer Entwickelung gegen die übrigen zurückbleiben, oder nicht ganz regelmäßig geformt erscheinen, es bleiben von den 5 zuerst angesetzten Früchten nur noch 2, oft auch nur eine Frucht übrig, welche an ein an dem Fruchtast befestigtes Stäb= chen aufrecht angeheftet wird. Bei Bäumen mit einem geringeren Fruchtansatz von 8—10 Früchtenbüscheln werden an einem jeden derselben 3—4 Früchte beibehalten, wenn nämlich die Stärke und Kräfte des Baumes und seines Tragholzes derart sind, um diese gehörig ausbilden zu können.

Um sehr schöne Tafeltrauben zu erziehen, werden daselbst bei halber Reife der Früchte alle diejenigen ausgeschnitten, welche in ihrer Form und einer gleichmäßigen Entwickelung mangelhaft erscheinen. Zu derselben Zeit wird auch an den noch stehenden schönsten Trauben die Spitze hinweggeschnitten und man hat sodann nicht nöthig, die im Wachsthum zurück gebliebenen Beeren auszuschneiden, da sich diese hierauf sehr kräftig entwickeln. Auf diese Weise erhält man sehr schöne und große Trauben mit sehr schön geformten, großen Beeren, an welchen nicht mehr zu bemerken ist, daß ihnen früher die Spitzen hinweggenommen wurden.

c) Das Anheften oder Anbinden der Obstbäume.

Hochstämmige und halbhochstämmige Obstbäume werden nach ihrem Verpflanzen mit einem Weidenband nur locker an die ihnen beigegebenen Pfähle angebunden, damit mit der nach und nach sich setzenden Erde auch der verpflanzte Baum sich nachsetzen, das bei einem mehr festen Bund, wodurch derselbe fest an den Pfahl gehängt ist, nicht geschehen kann. Erst nach Verfluß von 3—4 Wochen, und so auch nach dem jedesmaligen Schnitt in dem Frühling, bindet man diese Bäume in Form der Zahl 8 an ihren Pfählen fest. Man umschlingt mit dem Weidenband den Baum, durchkreuzt dieses Band zwischen Baum und Pfahl und bindet die beiden Enden des Bandes an dem Pfahl fest.

Junge verpflanzte Zwergbäume schützt man gegen Wind und Stürme, bis sich die Erde gehörig gesetzt hat, durch einige denselben beigegebene Stäbe, an welchen sie nur locker angeheftet werden, später bindet man sie an die ihnen zu gebenden Pfähle fest. Dasselbe geschieht auch bei den Spalierbäumen, deren Aeste und Zweige je nach ihrer Form, in welcher sie erzogen werden sollen oder schon erzogen sind, auseinander gehalten, an dem Spaliere anfänglich nur sehr locker angeheftet werden. Aeltere und größere, in ihren Formen schon erzogene Spalierbäume, welche bei ihrem Schnitt in dem Frühling von den Geländern 2c. losgenommen werden, müssen zuerst von allem Unreinen sehr sorgfältig gereinigt, die Spaliere sehr sorgfältig ausgebessert und die Mauern übertüncht werden, hierauf werden die Aeste und Zweige dieser Bäume in ihren früheren Richtungen ausgebreitet, wieder angeheftet. Dieses Anheften des nackten Holzes, das nach dem Winterschnitt und so auch während des Frühlings und Sommers mit dem belaubten Holz stattfindet, geschieht nun entweder durch das Anlappen, bei welchem man die Aeste und

Zweige dieser Bäume mit kleinen Stückchen Tuch an die Mauer oder die Bretterwand befestigt, oder vermittelst zarter Weiden= ruthen, Bast und Bleiplättchen 2c., mit welchem diese an die Geländerstäbe oder die Eisendrähte angeheftet werden.

Dieses Anheften der Spalierbäume hat stets nach den, bei dem Winterschnitt gegebenen Regeln, d. h. mit einer sehr genauen Berücksichtigung auf den Wuchs der einzelnen Theile dieser Bäume zu geschehen, wonach das stärkere Wachsthum der Aeste und Zweige durch ein mehr niedriges Anheften gehemmt, wäh= rend durch ein mehr höheres Aufrichten der mehr schwächlichen Aeste und Zweige ihr Wachsthum befördert wird. Bei dem Anheften des belaubten Holzes, der Frühlings= und Sommer= triebe heftet man die kräftigen und stark treibenden Zweige zu= erst an und läßt die mehr kleinen und schwächlichen noch einige Zeit frei, damit sie ungestörter fortwachsen und an Stärke ge= winnen, um eine durch das Anheften veränderte Richtung leicht ertragen zu können, ohne abzubrechen. Man heftet sie zuerst in einer mehr geraden Richtung, ohne die Blätter einzubinden, und nur locker an, läßt aber die Spitzen dieser Zweigen frei, damit sie durch einen mehr festen Bund in ihrem Wachsthum nicht gestört werden. Bei der Erziehung und Pflege der Spalier= bäume, besonders in den mehr künstlichen Formen, ist hauptsäch= lich darauf zu sehen, daß man ihnen die Regelmäßigkeit ihrer Gestalt schon frühzeitig zu geben und diese in der Folge durch alle zu Gebot stehenden Mittel zu erhalten sucht, weil nur von ihr das Gleichgewicht des Safttriebes abhängig ist. Um schöne, gesunde, kräftige und reichlich fruchtbare Spalierbäume anzu= ziehen und sich diese auch eine längere Zeit in diesem Zustande zu erhalten, dazu sind gute Lage, guter Boden, eine sehr sorg= fältige Behandlung und Pflege und ein wohlüberdachter Schnitt 2c. sehr wesentliche Erfordernisse, ohne welche man seinen Zweck nur unvollständig erreichen wird.

2*

Die auf den Schnitt, die kräftige Ausbildung, Fruchtbarkeit und Lebensdauer der Obstbäume einwirkenden Verhältnisse.

1) **Boden und Lage** sind, verbunden mit einer sehr sorg= fältigen Pflege, die Haupterfordernisse für das gute Gedeihen, einer reichen Fruchtbarkeit und einer längeren Lebensdauer der Gewächse und somit auch die unserer Obstbäume. Obgleich nun die verschiedenen Obstgattungen ohne Rücksicht auf die für sie am besten geeigneten Boden= und Lageverhältnissen in der Baum= schule angezogen werden, so wähle man zu einer solchen Anlage doch stets nur einen solchen Boden und eine solche Lage, welche geeignet sind, die jungen Obstbäume auch hinlänglich zu er= nähren und ihnen die für ihr Wachsthum und ihre Ausbildung so sehr nöthige Luft, Licht, Wärme und Feuchtigkeit zuzuführen. Vor Allem vermeide man gedüngten Boden, auf welchem diese jungen Bäume zu schnell und üppig heranwachsen, später aber auf einen mehr geringen Boden verpflanzt, einer längeren Zeit bedürfen, bis sie sich die Verschiedenheit ihres Standortes an= gewöhnt haben. Bei dem Verpflanzen junger hochstämmiger Obstbäume auf ihre künftigen Stellen sehe man besonders darauf, daß jede Obstgattung einen ihr zuträglichen Boden und eine für sie geeignete Lage erhält. Für den Obstbau wird zwar im All= gemeinen eine freie, sonnige, gegen rauhe Windzüge geschützte Lage und ein kräftiger, warmer, mäßig feuchter und tiefgründiger Boden für geeignet gehalten; doch aber gewährt der Obstbau auch in weniger günstigen Boden= und klimatischen Verhältnissen, wenn die gehörige Rücksicht auf die verschiedenen Obstgattungen und deren Varietäten (Sorten) bei einer Pflanzung beobachtet wird, sehr reichliche Erträgnisse.

Der **Apfelbaum** liebt einen nur mäßig feuchten, kühlen

Boden, er erfordert keinen so tiefen Grund, wie andere Obst=
bäume, und gedeiht noch in einem mittelmäßigen, selbst in
schlechterem Boden, nur ganz schwerer und feuchter Thon=, allzu
trockener Kalk= und Sandboden sind ihm durchaus ungünstig.
Der Birnenbaum kommt in einem jeden gemäßigten, frischen
und guten Boden fort, der nicht zu naß und kalt, sondern warm,
trocken und auch tief genug ist, seine mehr tiefgehenden Wurzeln
durchzulassen und zu nähren; er nimmt alle Lagen an, auch
eine solche gegen Norden kann mit Birnen=Varietäten bepflanzt
werden, deren Früchte leicht reifen und nur wenig Farbe be=
kommen, doch ist die beste Lage für ihn gegen Süden, wo er
von allen Seiten freie Luft und Sonne genießen kann. Der
Kirschenbaum gedeiht in jedem mehr trockenen, auch noch so
mittelmäßigen, nur nicht in nassem Boden, doch aber ist darauf
zu sehen, daß man den Süßkirschen, vermöge ihres stärkeren
und kräftigen Wachsthums und ihrer mehr ausgebreiteten und
tief gehenden Wurzeln, ein mehr tiefes und nahrhaftes Erdreich
giebt; während die Sauerkirschen, da sie eine nur geringe
Höhe erreichen und weniger ausgebreitete, mehr flach greifende
Wurzeln bilden, sich auch mit einem mehr seichten, selbst schlechte=
ren Grunde begnügen. Der Wallnußbaum liebt einen
tiefen, steinigen, lehmigen, mehr noch aber einen rothen und
kalkhaltigen Boden, wo er, wie in lehmiger, schwarzer und
lockerer Erde, eine außerordentliche Größe erreicht. Er gedeiht
sehr vorzüglich in einer Lage gegen Norden und Osten und
besser in einem bergigen, mit Hügeln durchschnittenem Terrain,
wie auf ebenem Boden. Der Zwetschen= und Pflaumen=
baum kommt fast in einem jeden Boden, der nicht zu sandig,
schwer, naß, kalt und thonig ist, in allen Lagen= und klimatischen
Verhältnissen, welche nicht zu rauh und kalt sind, fort, gedeiht
aber am besten in einem etwas lockeren, fruchtbaren, tiefgründi=
gen, nur wenig feuchten Boden, besonders wenn derselbe frei,
warm und sonnig liegt.

Feuchte Thäler und Bergeinschnitte, auf welche weder Luft, Licht und Wärme einwirken können, bepflanze man nicht mit Obstbäumen. Rauhe und windige Lagen und kältere Gegenden aber stets nur mit solchen Obstsorten, die, aus Erfahrung bekannt, daselbst auch gut gedeihen. Unter den Aepfeln sind besonders der Luikenapfel und die englische Winter=Goldparmäne voranzustellen. Namentlich ist der Luikenapfel während seiner Blüthe den nachtheiligen Witterungseinflüssen weniger ausgesetzt, da er 10—12 Tage später blüht. An früher und reicher Tragbarkeit steht die Winter=Goldparmäne unübertroffen da, weßhalb sie auch mit dem Luikenapfel zu den verbreitetsten Sorten gehört. Sie gedeiht auf der württembergischen Alp noch in einer Höhe von 2200 Fuß über dem Meere und giebt daselbst sehr reiche Erträge. Der Gravensteiner, ein sehr vorzüglicher Apfel, gedeiht in dem Norden Deutschlands, in Schweden, Dänemark ꝛc. sehr gut, und auch der Prinzenapfel, Zimmtapfel, Danziger Kantapfel, Kaiser Alexander von Rußland, Geflammter weißer Cardinal, die Ananas=Reinette, Reinette von Breda, Langton's Sondersgleichen, Carmeliter=Reinette, Belgischer Kurzstiel, Goldzeugapfel, Pariser Rambour=Reinette, Weißer Mata=Apfel, Großer Bohnapfel, Rother Stettiner, Bedufteter Langstiel ꝛc. sind sämmtlich sehr reichlich tragende Apfelsorten, welche in rauhen Lagen und Gegenden gut gedeihen. Von den Birnen sind besonders die Römische Schmalzbirne, Grumkower Butterbirne, Weiße Herbst=Butterbirne, Coloma's Herbst=Butterbirne, Wildling von Motte, Forellenbirne, Knausbirne, Champagner Bratbirne, Winter=Apothekerbirne ꝛc. zu einer vermehrten Anpflanzung auch in rauhen Lagen sehr zu empfehlen.

Der Wallnußbaum gedeiht vortrefflich an trockenen Thalwänden und kahlen Bergen, welche als Weideplätze meistens Gemeindeeigenthum sind. An solchen Stellen wachsen andere

Obstbäume nur selten. Der Nutzen dieses Baumes als Werk-
holz ist ein sehr großer, eine geringe Anzahl gesunder Stämme
sind schon oft zu einem höheren Preise verkauft worden, als der
Grund und Boden werth war, worauf sie gewachsen. Kein
Wunder, wenn sich die Leute verleiten lassen, die Bäume abzu-
schlagen; man sollte aber auch bedacht sein, wieder junge Bäume
nachzupflanzen, um die Nußbaumzucht im Großen zu betreiben.
Die Ostheimer Weichsel, eine sehr vorzügliche und werth-
volle Frucht, gedeiht auf lockerem, wenn auch magerem, kalk-
haltigem Boden, auf steilen sonnigen Anhöhen selbst in rauhem
Klima." In Ostheim vor der Rhön, in Franken, in der Nähe
eines wegen seiner Unwirthlichkeit und seines rauhen Klimas
übel verschrieenen Gebirges wird sie in Menge gebaut und gedeiht daselbst sehr gut. Ihre Kultur ist sehr einfach, da sie sich
durch die Menge Ausläufer, welche diese Pflanzen austreiben,
ächt fortpflanzt ꝛc.

Auf die Auswahl der Obstsorten und des Standortes wird
bei uns im Allgemeinen zu wenig Rücksicht genommen, während
in Frankreich, ehe eine Baumpflanzung unternommen wird, förmliche Berathungen darüber angestellt werden, um jene Obstsorten
auszuwählen, welche den Boden- und Lageverhältnissen des betreffenden Grundstückes entsprechen. Diesen auf vieljährigen
Erfahrungen stehenden sorgsamen Prüfungen und Beobachtungen
hat Frankreich eben seine Specialitäten in der Obstkultur zu
verdanken. So findet man in Montreuil nur Pfirsichzucht,
Argenteuil züchtet bei seiner überaus günstigen Lage nur Feigen,
in Belleville werden nur Kernobstbäume, in der Normandie nur
Apfelbäume gezogen. In La Thomery wird nur Weinbau und
zwar nur mit einer einzigen Trauben-Varietät, dem gelben
Gutedel, Chasselas doré, betrieben. Ebenso eifrig wird daselbst
auch das Studium der Ortshöhe unternommen, um durch ein
vielfältiges jahrelanges Streben endlich jene Sorten herauszu-
finden, welche für diese oder jene Höhenverhältnissen sich als

die passendsten herausstellen. Hiernach richtet sich z. B. auch die Schnittweise bei dem Weinbau im Großen und zeigt uns nur zu deutlich, wie praktisch auch hier zu Werke gegangen wird.

In Bezug auf den Standort selbst ist endlich die aufmerk= samste Sorgfalt nöthig, um alle für das künftige Gedeihen einer Obstpflanzung maßgebenden Factoren zu erwägen. Wenn ein Terrain einen Abhang gegen Sonnenaufgang bildet, so bedarf eine solche Anlage eines natürlichen oder künstlichen Schutzes, wenn bei den hier so häufig eintretenden späten Nachtfrösten nicht alle Hoffnung auf eine Obsternte aufgegeben werden soll. In einer westlichen Lage sind die Nachtfröste nie so gefährlich, da die gefrorenen jungen Triebe gewöhnlich schon aufgethaut sind, wenn sie von den Sonnenstrahlen berührt werden, und hier können somit schon mehr frühe treibenden Obstsorten mit mehr Erfolg angepflanzt werden. Wenn Obstbäume auf freien, den Winden und Stürmen ausgesetzten Anhöhen zu stehen kom= men, so ist es unumgänglich nothwendig, nur solche Unterlagen (Wildlinge, Grundstämme) zu ihrer Veredlung zu wählen, welche tief gehende, starke Pfahlwurzeln besitzen, um den heftigen Winden leichter widerstehen zu können, ohne aus dem Boden gerissen zu werden, und um bei trockenen und heißen Sommern den Bäumen durch diese ihre Wurzeln aus der Tiefe Nahrung und Feuchtigkeit zuführen zu können.

2) **Eine zu nahe Pflanzung der Obstbäume** wirkt auf ihre kräftige Ausbildung, den Schnitt, die Fruchtbarkeit und Lebensdauer sehr verderblich ein; denn kein Obstbaum kann gut gedeihen, eine längere Zeit gesund, kräftig und möglichst frucht= bar ausdauern, schmackhafte und vollkommene Früchten hervor= bringen, wenn ihm, vereint mit den für ihn günstigen Boden= und Lageverhältnissen, nicht auch der für seine Ausbildung und künftige Größe erforderliche Raum bei dem Verpflanzen zuge= theilt wird. Bei einem zu nahen Stand der Bäume gebricht

es denselben an Licht, Luft und Wärme, das Fruchtholz wird nie gehörig reif, die Früchten immer spärlicher und geringer, die Beschattung dieser Bäume hält den Boden, ihre Stämme, Aeste und Zweige fortwährend in einem feuchten Zustand, Moose und andere schädliche Gewächse finden sich schon früh= zeitig auf ihnen ein, die natürliche Folge davon ist eine an= dauernde Schwächlichkeit und Kränklichkeit, welchen in der Regel ein schon frühzeitiges Absterben auf dem Fuße folgt, wozu ein ungünstiger Winter die Veranlassung bilden kann. Sind die Bäume einer Pflanzung noch jung und kräftig, so nimmt man je den andern Baum aus und versetzt sie auf besondere Stellen, bei den schon älteren Bäumen gräbt man je den anderen aus, damit die noch stehen bleibenden Bäume mehr Raum gewinnen. Sind diese Bäume aber schon schwächlich und mehr erkrankt, was an den häufigen Wasserreisern (Wuchertrieben), den kleinen gelben und kränklichen Blättern ꝛc. leicht zu erkennen ist, so können diese ohne Bedenken abgeschlagen werden.

Bei neuen Obstanlagen auf gutem Boden und in einer für die betreffenden Obstgattungen zuträglichen Lage sollten die Aepfel= und Birnenbäume stets auf 30—36, auf geringerem Boden ꝛc. 24—30, — Zwetschgen=, Pflaumen=, Sauer= und Cornelkirschenbäume auf 18—20, — Süßkirschenbäume auf 36, — Wallnußbäume an Bergabhängen und Viehweiden auf etwa 50 Fuß Entfernung angepflanzt werden. In den Obstgärten pflanzt man die Wallnußbäume an die Wege oder die Grenze des Grundstücks, Kirschen=, Zwetschgen= und Pflaumenbäume wechselsweise, oder zu ganzen Reihen an die Grenzen des Gutes mit Rücksicht auf die gesetzliche Entfernung gegen die Guts= nachbarn. Wünscht man von einer Obstanlage schon frühzeitig sehr reichliche Obsternten zu erhalten, so bepflanze man die Zwischenräume der hochstämmigen Aepfel= und Birnenbäume mit hochstämmigen, oder in Zwergformen erzogenen Pflaumen, Zwetschgen und Sauerkirschen, oder Aepfel= und Birnen=Zwerg=

bäumen. Diese Bäume geben schon frühzeitig sehr reichliche
Ernten und sind zu der Zeit, zu welcher die hochstämmigen
Kernobstbäume ihre Ausbildung erreichen, meistens schon einge=
gangen. Auf Baumäckern und Graswiesen, an Straßen und
Wegen müssen, sobald eine Obstpflanzung daselbst stattfindet,
die Bäume auf größere Entfernungen hin versetzt, diese auf eine
höhere Stammhöhe angezogen und nur solche Obstsorten gewählt
werden, welche mehr hochgehende, pyramidenförmige Kronen
bilden.

3) **Der junge Obstbaum wächst vorerst eine Reihe
von Jahren in Holz,** und dies stets um so mehr, je kräftiger
der Boden ist, auf welchen derselbe verpflanzt wurde. Diese
Zeit wird nun durch den Obstbaumschnitt dazu benutzt, denselben
in der für seine Verhältnisse geeigneten Form auszubilden. Es
sind aber bei einer solchen Ausbildung unter den verschiedenen
Varietäten einer Obstgattung sehr große Unterschiede wahrzu=
nehmen; denn während einige derselben schon frühzeitig frucht=
bar sind, müssen wieder andere, wie z. B. der Borstorfer
Apfel 2c., erst ein gewisses Alter erreichen, um dies zu werden.
Ein gleiches Verhältniß ist auch bei den Varietäten der übrigen
Obstgattungen wahrzunehmen, wenn diese auf einen äußerst
kräftigen, ihnen zusagenden Boden und in eine ihnen zuträgliche
Lage verpflanzt, oder wenn mehr stark treibende Obstvarietäten
in dem Schnitt fortwährend mehr kurz gehalten werden. Ein
solches Verhältniß sollte nie mit dem Namen Unfruchtbarkeit
belegt werden, da ein kräftig ausgebildeter Obstbaum später
doppelt einbringt, was er in den ersten Jahren seiner Ent=
wickelung versäumte. Diese von Natur spät tragenden Obst=
bäume sind zu der Bepflanzung größerer Baumgärten, auf Feld=
gütern, an Straßen, Wegen und auf Weiden von einem sehr
bedeutenden Werth, denn da sie erst spät, nach einer gehörig
erlangten kräftigen Ausbildung fruchtbar werden, dasselbe nun

aber auch in einem sehr reichen Maße sind und in der Regel ein sehr hohes Alter erreichen.

Man wendet nun bei diesen und den ähnlichen Obstbäumen, noch öfters die eine frühzeitige Fruchtbarkeit befördernden Mittel: das Aderlassen, Schnüren, Wenden und Zerbrechen der Aeste und Zweige, das Abstoßen einzelner größerer Wurzeln 2c. doch stets mit einem nur geringen Erfolge an, denn das überaus üppige Wachsthum dieser Bäume giebt sich nach einer Aufzehrung der kräftigsten Nährstoffe des Bodens nach einigen Jahren wohl von selbst, bei den von Natur spät tragenden Obstvarietäten aber läßt sich ihre Organisation dadurch nicht umgestalten, wohl aber werden diese durch die Anwendung der soeben erwähnten verderblichen Mittel in ihren Kräften geschwächt und ihre Gesundheit zerstört.

Wünscht man schon frühzeitig reichliche Erträge von einer Obstpflanzung zu erhalten, so wähle man sich zu einer solchen Anlage die jungen Bäume solcher Varietäten, welche sich durch eine frühzeitige und reichliche Fruchtbarkeit auszeichnen, und suche durch ein frühzeitiges und öfteres Verpflanzen in der Baumschule die zur Veredlung bestimmten Grundstämme (Unterlagen, Wildlinge) mit einer reichen und nur flachgreifenden Bewurzelung anzuziehen; je früher und öfter diese Obstsämlinge verpflanzt und ihre stärkeren Wurzeln verkürzt werden, eine desto reichere Bewurzelung und frühzeitige Fruchtbarkeit dadurch erreicht wird.

4) **Zu der Anzucht schön geformter, gesunder, kräftiger und reichlich fruchtbarer Zwergbäume** sind die auf ihre kräftige Entwickelung, reichen Fruchtbarkeit und Lebensdauer einwirkenden Verhältnisse und besonders die Eigenschaften ihrer Grundstämme (Unterlagen 2c.) sehr zu berücksichtigen, indem diese einen sehr großen Einfluß auf das Wachsthum dieser Bäume haben.

Eine längere Unfruchtbarkeit der auf Kernensämlingen ver=

edelten Aepfel= und Birnen=Zwergbäumen wird gewöhnlich durch einen mehr kurzen Schnitt hervorgerufen und unterhalten. Diese Bäume zeigen in Folge ihrer Unterlagen eine sehr kräftige Ent= wickelung, um sie nun mehr niedrig zu halten, wie dies die Anzucht und Pflege der Zwergbäume nöthig macht, werden sie alljährlich kurz geschnitten, sie bilden dadurch nur Holz= und keine Fruchttriebe. Will man zu der Anzucht höherer und stärkerer Zwergbäume Kernenfämlinge als Unterlagen verwen= den, so müssen unter diesen die nur schwach treibenden ausge= wählt und die so veredelten Bäume in dem Schnitt mehr lang gehalten werden.

Auf dem Paradiesapfel, Pyrus Malus paradisica, veredelt, treibt der Apfel=Zwergbaum nur schwach und muß stets mehr kurz, auf Holz beschnitten werden. Auf dem Splittapfel, P. M. frutescens, franz. Doucin veredelt, ist seine Triebkraft stärker und muß im Schnitt länger gehalten werden.

Birnen=Zwergbäume auf Quitten, Pyrus Cydonia, veredelt, erfordern denselben Schnitt, wie der Zwergapfel auf dem Paradiesstamm. Auf Weißdorn=Sämlinge, Crataegus Oxya- cantha, veredelt, schneidet man sie nur kurz.

Auf den Sämlingen der Mandel und Pflaumen veredelt, treibt der Pfirsichbaum 2c. sehr stark und bedarf eines langen Schnittes, während derselbe auf den Schwarzdorn, Prunus spinosa, veredelt, ein nur schwaches Wachsthum entwickelt und mehr kurz geschnitten werden muß 2c.

Auf die gleiche Weise verhält es sich auch bei den übrigen Obstgattungen, sobald diese in Zwergformen angezogen werden, worüber wir das Nähere bei den Zwergbäumen, 1) Kronen= bäume, angegeben haben.

5) **Ungünstige Witterungsverhältnisse** wirken oft sehr verderblich auf die Fruchtbarkeit unserer Obstbäume. Obstbäume in rauhen Lagen, auf Bergen und Anhöhen den kalten Winden freigestellt, sowie die früh treibenden Obstvarietäten in den

Gärten leiden ſehr oft durch ſpäte Nachtfröſte und Reif. Zu
der Bepflanzung ſolcher Stellen ſollten ſtets nur ſpät blühende,
überhaupt nur ſolche Obſtſorten gewählt werden, welche in
rauhen und kalten Lagen noch gut gedeihen (ſ. oben Boden und
Lage); um aber früh blühende Obſtbäume in den Gärten gegen
noch ſpät eintretende Frühlingsfröſte zu ſchützen, ſuche man das
Wachsthum dieſer Bäume in dem Frühling ſo lange zurück zu
halten, bis keine Nachtfröſte mehr zu befürchten ſind. Man erreicht dies, wenn man in den Monaten Februar und März, ſo
lange die Erde noch feſt gefroren iſt, eine dichte Lage ſtrohigen
Dünger, Laub oder Streu in einem größeren Umkreis um dieſe
Bäume legt und dieſe Decke nach oben mit alten Brettern überdeckt. Das Ganze bleibt nun ſo lange in dem Frühling um
dieſe Bäume liegen, bis keine Fröſte mehr zu befürchten ſind,
ſodann nimmt man dieſe Bedeckung um die Bäume hinweg und
ſetzt den noch gefrorenen Boden der Witterung und Sonne
aus. Durch ein ſchnelleres Treiben kommen dieſe Bäume den
früher blühenden bald nach und tragen reichlich.

Regen und dichte Nebel zu der Zeit der Obſtblüthe verhindern die ordentliche Befruchtung derſelben, denn ſolange der
Samenſtaub feucht iſt, kann er nicht zum Fruchtſtempel gelangen,
folgt aber, vollkommen ausgebildet, auch nur auf kurze Zeit
gute Witterung, ſo kann er auch ſogleich ſeine Beſtimmung erfüllen. Hieraus erklärt ſich leicht, warum die eine Garten- oder
Landſeite in manchen Jahren Obſt hat, die andere nicht. Zur
Blüthenzeit war Regen oder dichte Nebel, der Wind beſtrich nur
eine Seite des Gartens ꝛc. und trocknete die Baumblüthen, die
andere nicht, an welcher der Samenſtaub nicht zur Befruchtung
gelangen konnte. Zu der Beförderung einer guten Befruchtung
der Obſtblüthen bei einer mehr feuchten und nebeligen Witterung
iſt empfohlen, ſobald der Nebel ſich entfernt und der Regen
aufgehört hat, die blühenden Obſtbäume täglich einige Male
ſanft durchzuſchütteln. Auch bei heiterer, ſtiller und warmer

Witterung, welche der Befruchtung der Baumblüthen überaus günstig ist, sollte diese Vorsicht nicht unbeachtet bleiben, sie ist in diesen Fällen das beste Mittel, eine reiche Fruchtbarkeit der Obstbäume zu befördern.

Tritt während der Obstblüthe, oder bald nach derselben eine längere Zeit trockene Witterung ein, so setzt der größte Theil dieser Blüthen nicht an, und es fallen später auch die kaum angesetzten jungen Früchte der Bäume wieder ab. Das einfachste Mittel, dies zu verhüten, ist: daß man rings um den Stamm der Bäume, soweit ihre Kronenäste hinausreichen, mit einem spitzen Pfahl mehrere tiefe Löcher in die Erde macht, in diese mehrere Gießkannen Wasser eingießt und die Löcher mit Erde wieder bedeckt. Dauert eine mehr trockene Witterung eine längere Zeit an, so muß dieses Begießen wöchentlich ein bis zwei Mal wiederholt werden.

Die Erziehungsart der Obstbäume.

Nach den durch den Schnitt bestimmten Formen unserer Obstbäume unterscheidet man Hochstämme und Zwergbäume.
Unter Hochstämmen oder hochstämmigen Bäumen versteht man
diejenigen unserer Obstbäume, deren breiten, hochgewölbten oder
mehr pyramidenförmigen Kronen, wie dies bei den Birnenbäumen der Fall ist, auf 6—7 Fuß hohen und auch noch höheren glatten Stämmen gebildet sind. Sind bei ihnen diese
Stämme bedeutend niedriger, nennt man sie Halbhochstämme.
— Die Zwergbäume haben einen nur niedrigen, oft nur wenige
Zoll bis 1½ Fuß hohen und auch noch höheren Stamm mit
verschieden geformten Kronen.

Anzucht, Schnitt und Pflege der hochstämmigen Obst-
bäume. Fig. 5.

Hochstämmig erzieht man die meisten Varietäten des Kernobstes: den Apfel-, Birnen-, und auch den Mispel- und
Spierlingbaum; — des Steinobstes: den Süß- und Sauer-
kirschen-, Zwetschgen-, Pflaumen- und Cornelkirschenbaum; —
des Schalenobstes: den Mandel-, Wallnuß- und Kastanien-
baum. Pfirsich- und Aprikosenbäume erzieht man in dieser Form

nur selten und dies nur unter milden klimatischen Verhältnissen; in einer ausnahmsweise guten, warmen und geschützten Lage, am vortheilhaftesten dadurch, daß man die Kerne oder Steine der Pfirsichvarietäten: Bourdine, Peruvianerin, persischen Pfir= siche, großen Lieblingspfirsiche, großen Magdalenen=Pfirsiche, späten Wunderschönen; von den Aprikosen: die Kerne der großen Frühaprikose, Tourser=Aprikose 2c. sogleich an Ort und Stelle, wo die Bäume verbleiben sollen, einlegt und sie daselbst hochstämmig und unveredelt, oder in ihren Kronen veredelt, tragen läßt.

Alle Varietäten der hier genannten Obstgattungen werden bekanntlich dadurch zu fruchtbaren hochstämmigen Bäumen heran= gezogen, daß man ihre Kerne oder Samen auf besonderen Beeten der Baumschule oder des Gartens aussäet und sich da= durch die Grundstämme (Unterlagen, Wildlinge 2c.) zu einer nachfolgenden Veredlung mit den gewünschten Varietäten er= zieht, das bei den noch sehr jungen Obstsämlingen am besten durch das Kopuliren geschehen kann, sobald diese die Stärke einer Schreibfeder erreicht haben.

Bei der **Veredlung** dieser jungen Obstsämlinge, ob diese durch das Kopuliren, Okuliren oder das Pfropfen stattfindet, ist die Höhe, in welcher diese an den jungen Stämmchen vorge= nommen wird, durchaus nicht gleichgültig. Um schöne junge Obstbäume anzuziehen, rathen wir, diese Stämmchen entweder so niedrig wie nur möglich über dem Wurzelstocke zu veredeln, so daß bei dem später folgenden Verpflanzen die Veredlungs= stelle mit unter die Erde gebracht wird, wo sich an derselben meistens neue Wurzeln bilden, oder, wie dies bei den Süß= und Sauerkirschen= und den Wallnußbäumen mit Vortheil geschieht, diese jungen Stämme vorerst unveredelt auf die ganze Stamm= höhe heranzuziehen und sie sodann in den Kronen zu veredeln. Das halbstämmige Veredeln und sodann den Stamm noch höher zu erziehen, gewährt durch die so oft vorkommende Anschwellung der Veredlungsstelle in der Mitte des Stammes ein sehr häß=

liches Ansehen. Bei einer solchen, der gewöhnlichen Veredlung
unserer Obstbäume wird fast allgemein nur darauf Rücksicht ge=
nommen, daß man die stärksten und schnellwüchsigsten Varietäten,
mit den Zweigen oder Augen von starkwüchsigen, die mehr
schwächer wachsenden Obstsämlinge einer und derselben Aussaat
mit den Zweigen oder Augen der mehr schwach treibenden
Sorten derselben Obstgattung veredelt, da der Obstsämling oder
der Wildling nur insofern einen Einfluß auf das Kopulir= und
Pfropfreis, oder das eingesetzte Auge habe, als seine Organisation,
sein schneller oder langsamer Wuchs, seine Holzstärke mit denen
der Reiser oder der Augen übereinstimmt.

Damit ist aber, wie noch heutzutage allgemein geglaubt wird,
diese Sache nicht vollständig abgemacht, weil bei einer solchen
Veredlung nur das stärkere oder geringere Wachsthum des zu
erziehenden Baumes berücksichtigt wird, alle übrigen Eigenschaften
der Mutterpflanze, von welcher das Kopulir= und Pfropfreis oder
das eingesetzte Auge abgenommen wurde und die doch durch
eine solche Veredlung auf dem Obstsämling oder Wildling fort=
gepflanzt werden sollten, unbeachtet bleiben. Wenn wir eine
Umschau unter den zahlreichen Varietäten oder Sorten unserer
Obstgattungen, den Aepfeln, Birnen 2c. halten, so finden wir,
daß sich diese nicht in nur stark= und schwachwüchsigen, sondern
auch in früh, mittelfrüh und spät reifenden, reichlich mittelmäßig
und wenig fruchtbaren, dauerhaften und schwächlichen, groß= und
kleinfrüchtigen, süßen und sauren Varietäten unterscheiden. Ver=
gleichen wir noch ferner die so sehr verschiedenen Früchten
unserer Obstsorten, so theilt man diese, wie bekannt, in Tafel=,
Küchen= und Wirthschaftsobst, oder in Früchten 1., 2. und 3.
Ranges; auf ihre Reifezeit gesehen, in Sommer=, Herbst= und
Winterobst 2c. Nimmt man nun bei der Einsammlung der zur
Aussaat erforderlichen Obstkerne und einer nachfolgenden Veredlung
nicht auch auf diese Eigenschaften der zu erziehenden Obstbäume
die gehörige Rücksicht und säet man, wie bisher, die Obstkerne,

z. B. die der Aepfel von 5 bis 10 und wohl auch mehr ver=
schiedenen Sorten eingesammelt, mit einander vermengt aus, so
wird man, weil die aus einer solchen Saat hervorgehenden
Obstsämlinge durch keine Merkmale kenntlich sind, welche ihre
Abstammung angeben, nicht verhüten können, daß das Reis oder
Auge eines früh reifenden, reichlich tragenden Sommer=Apfel=
baumes auf den Sämling eines spät reifenden, mittelmäßig oder
nur wenig fruchtbaren Winter=Apfelbaumes ec. veredelt werde.
Durch ein solches Verfahren verbindet man die widersprechendsten
Eigenschaften mit einander und kann später nicht begreifen, daß
der veredelte junge Baum nicht so reichlich tragend, und auch
keine so großen, schönen und schmackhaften Früchte, wie der
Mutterbaum, hervorbringe.

Will man sich sehr schöne, dauerhafte und reichlich fruchtbare
hochstämmige Obstbäume erziehen, so würden wir rathen, die zu
Grundstämmen (Unterlagen, Wildlingen) bestimmten Obstsäm=
linge schon aus den Kernen derselben Apfel= oder Birnen=
sorten ec. anzuziehen, mit welchen sie später veredelt werden.
Will man sich z. B. einen jungen Apfelbaum erziehen, welcher,
später und größer erwachsen, Gravensteiner=Aepfel tragen soll,
so müßten zu der Aussaat schon die Kerne von nur Graven=
steiner=Aepfel genommen und die aus einer solchen Saat her=
vorgegangenen Obstsämlinge nur wieder mit den Augen oder
Zweigen eines Gravensteiner=Apfelbaumes veredelt werden. Da=
durch würden Obstbäume herangezogen, welche sich durch ein
weit kräftigeres Wachsthum, Dauerhaftigkeit und eine sehr reiche
Fruchtbarkeit vor allen übrigen, auf eine andere Weise erzoge=
nen Bäumen auszeichnen würden. In dem Fall aber, wo man
der Anzucht der Obstbäume keine so große Aufmerksamkeit zu=
wenden will, sollten diese doch stets aus den Samen einer ihnen
nahe verwandten Varietät, z. B. Calville auf Calville, Rosen=
äpfel auf Rosenäpfel, Reinetten auf Reinetten ec. erzogen wer=
den, mit welchen sie später veredelt werden sollen, wobei be=

sonders auf ein recht kräftiges Wachsthum und einer reichen
Fruchtbarkeit der Obstsämlinge (Unterlagen ꝛc.) gesehen werden
sollte. Das Sommerobst sollte stets eine Unterlage von Som=
merobst erhalten, das Gleiche gilt auch von dem Herbst = und
Winterobst. Was das Einsammeln der nach den einzelnen
Varietäten zu sortirenden Obstkerne betrifft, so verursacht dies
nur wenig Mühe. Hat man sich die Wahl der anzuziehenden
Obstsorten überlegt, so suche man, wenn man die betreffenden
Früchte nicht selbst in dem Garten hat, sich von einem Nach=
barn, entfernteren Guts= oder Gartenbesitzer ꝛc. eine Anzahl
möglichst schöner und vollkommen ausgewachsener Früchte der
gewünschten Sorten zu verschaffen. Die Kerne werden aus
denselben ausgenommen, abgewaschen, getrocknet, mit ihren
Namen bezeichnet und bis zur Aussaat aufbewahrt. Aus der=
selben Quelle, aus welcher die Früchte zur Saat kamen, können
auch später die Reiser zu der Veredlung bezogen werden.

Mit dem Beginn des Frühlings sehe man sehr fleißig nach
dem Verband der veredelten Stämmchen, welcher, sobald die
Reiser oder Augen auszutreiben beginnen, lockerer angelegt oder
mit einem Federmesser von Innen nach Außen durchgeschnitten
und hierauf auf's Neue mit Pfropfwachs überstrichen wird, in=
dem sich zu dieser Zeit bei einem noch festen Verband an der
Veredlungsstelle leicht ein oft sehr beträchtlicher Wulst bildet,
welcher eine längere Zeit, oft für immer an dem Stämmchen
haftet und dasselbe verunstaltet. Die Austriebe der Edelreiser
und Augen heftet man nach ihrem fortschreitenden Wachsthum
an die den veredelten Stämmchen beigegebenen Pfähle und
außer den wilden Austrieben unterhalb der Veredlungsstellen,
welche sogleich, sowie sie erscheinen, mit den Fingern abgedrückt
werden müssen; schneidet man an diesen Edelreiser nichts hin=
weg, erst in dem kommenden Frühling, wo diese Bäume wieder
angebunden werden, erhalten diese den ersten Zuschnitt zu ihren
künftigen Formen.

Zu der **Anzucht hochstämmiger Obstbäume** bestimmt man den stärksten und kräftigsten Austrieb des Edelreises oder des eingesetzten Auges, (wenn die Bäume durch das Okuliren veredelt wurden) zu dem Kronenstamm des künftigen Baumes und nimmt bei dem, in diesem Frühling zum ersten Male vorkommenden Schnitt alle Seitenzweige an demselben glatt hinweg und heftet diesen Haupttrieb mit zarten Weiden oder Bast wieder sorgfältig an den ihm beigegebenen Pfahl. An denjenigen Obstsämlingen, welche früher zu dem Zwecke verpflanzt wurden, um sie unveredelt zu hochstämmigen Bäumen zu erziehen, wie dies bei den Wallnüssen und den Kirschen der Fall ist, nimmt man zu dergleichen Zeit 2—3 ihrer untersten Seitenzweige glatt an den Stämmchen hinweg, das bei diesen Bäumen auch in den folgenden Jahren, zeitig in dem Frühling, noch so lange fortgesetzt wird, bis sie die erforderliche Stammhöhe erreicht haben. Ist der Schnitt und auch das Anheften dieser jungen Bäumchen in diesem ersten Frühling vollendet, so wird die Erde um diese sorgfältig und mehr flach behackt, das während des Sommers bis in den Spätherbst noch so oft wiederholt wird, sobald wieder junges Unkraut zwischen den Bäumchen aufkommt oder die Erde durch Schlagregen und Hitze zu sehr erhärtet. Während dieser Zeit sieht man fleißig nach den jungen Bäumen und nimmt alle unter den Veredlungsstellen ausbrechenden Augen und jungen Zweige so frühzeitig wie möglich hinweg und heftet, je nach dem fortschreitenden Wachsthum der Bäume, die veredelten Austriebe an die ihnen beigegebenen Pfähle. Seitenzweige, welche an dem veredelten Haupttrieb auswachsen, dürfen während dieses Sommers nicht abgenommen werden, sondern man läßt diese bis zu dem folgenden Frühling ungestört fortwachsen.

In dem nächsten und zweiten Frühling nach der Veredlung wiederholen sich die gleichen Arbeiten; man nimmt bei diesem Schnitte an den veredelten Obstsämlingen 2—3 ihrer untersten, in dem vorigen Sommer erwachsenen Seitenzweige glatt an dem veredelten Haupttrieb hinweg, alle weiteren Seitenzweige läßt man ungestört fortwachsen und heftet den Haupttrieb wieder an den Pfahl. Auf die gleiche Weise werden auch die unveredelt auf Stammhöhe zu erziehenden Obstsämlinge beschnitten, und auch die weitere Pflege der veredelten und unveredelten Bäumchen ist während dieser Zeit von der des vorigen Sommers nicht verschieden. Bei einer solchen Pflege erreichen diese Bäume

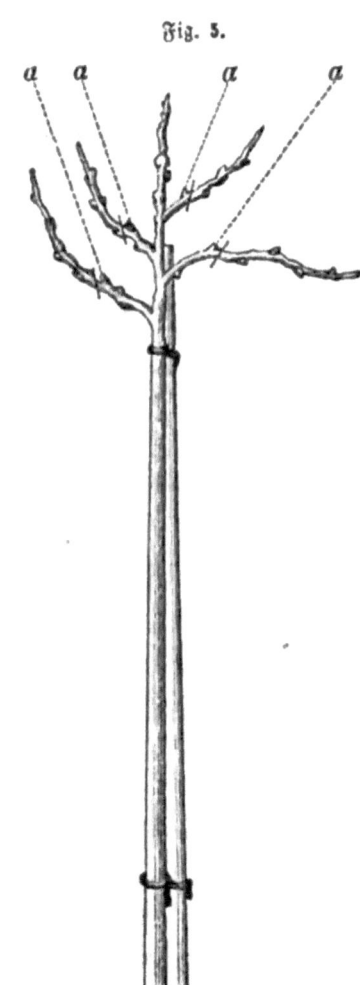

Fig. 5.

innerhalb 3 Jahre durchschnittlich diejenige Höhe und Stärke, welche erforderlich ist, um mit der Kronenbildung vorzugehen. Die Stämme sollen bis dahin wenigstens einen Finger stark sein, und eine Höhe von 6—7 Fuß erreicht haben. Will man die Bäume niedriger, zu Halbhochstämmen erziehen, gelangt man früher zu diesem Ziel. Bei den nur schwach treibenden Obstsorten, oder wenn die Bäume höher erzogen werden, ist bis zur Kronenbildung meistens eine etwas längere Zeit erforderlich, während welcher diese Bäume auf die frühere Weise gepflegt werden. Bevor dies aber geschieht, muß auch die Art und Weise der künftigen Verwendung derselben überdacht werden. Will man die erzogenen Bäume verkaufen, so liegt es in dem Interesse des Baumzüchters, diejenige Stammhöhe, welche an dem Verkaufsorte

gebräuchlich ist, einzuhalten. Zu landwirthschaftlichen Zwecken
aber wird man eine Ausnahme machen müssen, da mit diesen
Bäumen nicht nur Gärten um Häuser und Höfe, sondern auch
Aecker, Wiesen, Weiden, Grasrainen und Straßen ꝛc. bepflanzt
werden sollen. Zu dem Auspflanzen auf Feldgütern, Weiden,
an Straßen und Wegen ꝛc. erziehe man diese Bäume auf eine
Stammhöhe von 8—9 Fuß, dadurch wird dem Acker, der Wiese,
Weide und Straße weder Licht noch Luft geraubt und dem bebauten Feld auch nur wenig Regen entzogen, überdies sind die
mehr höheren Obstbäume dem Diebstahl und einer Beschädigung
durch die Weidethiere auch weniger ausgesetzt.

Nachdem in dem vorigen Sommer diese Bäume soweit heran-
gewachsen und erstarkt sind, um in diesem Frühling mit dem
Kronenschnitt beginnen zu können, so nimmt man, gleichwie
in dem vorigen Frühling, 2—3 der unteren und stärkeren Seitenzweige bis auf diejenige Höhe glatt an dem Stämmchen hinweg, wo an diesen die Krone ihren Anfang nehmen soll. Die
an dieser Stelle und auch oberhalb derselben stehenden Seitenzweige bleiben als die ersten Kronenzweige und künftigen Aeste
des Bäumchens stehen; 3—4 solcher Seitenzweige sind zu der
Bildung einer schönen und gut geordneten Krone erforderlich,
vorausgesetzt, daß sie, in gleichen Zwischenräumen vertheilt, um
das Stämmchen stehen. Hat ein solches Stämmchen mehrere
dieser Seitenzweige, so behält man von ihnen nur diejenigen
bei, welche zu der Bildung einer regelmäßigen Krone sich am
besten eignen, alle anderen schneidet man aus. Sind nun nach
dem bisherigen Schnitte in diesem Frühling an einem Bäumchen nur 1 oder 2, oder auch gar keiner dieser Seitenzweige
vorhanden, so schneidet man dem Stämmchen über 4, in dem
zweiten Falle über 3, in dem letzteren aber über 5 Augen die
Spitze ab, verklebt diese Schnittwunde mit Pfropfwachs und
läßt außer den aus diesen Augen ausbrechenden Zweigen auf
der ganzen Höhe des Stammes nichts mehr hervorwachsen,

sondern drückt alle daselbst befindlichen Augen mit den Fingern
hinweg. Auf die gleiche Weise wird auch der Schnitt an den=
jenigen Stämmen ausgeführt, welche unveredelt auf Kronenhöhe
angezogen werden. Nach dem Schnitt heftet man die Bäume
an hohe Pfähle, läßt während des Sommers kein Unkraut
zwischen ihnen aufkommen und hält durch ein fleißiges Behacken
die Erde gut aufgelockert.

Während dieses Sommers werden diese Stämmchen außer
der Verlängerung des Hauptstammes (Leitzweig), welche gerade
in die Höhe wächst, 4, in gleichen Zwischenräumen vertheilten
Seitenzweige gebildet haben, welche man ungestört fortwachsen
läßt und erst in dem folgenden Frühling dem Schnitt unter=
worfen werden, um eine schöne, gleichförmige, pyramidenartige
Krone aus ihnen zu bilden. Ist diese Zeit herangekommen, so
werden diese Bäume von ihren Pfählen losgetrennt und ihre
Kronenzweige beschnitten, wobei, wohl gemerkt, alle Schnitte an
den noch stehen bleibenden Augen dieser Zweige so geführt wer=
den müssen, daß die Spitze dieses letzten, einem Zweige noch
verbleibenden Auges dahin sehe, wo man den neuen Trieb aus
demselben hinlenken will. S. Fig. 5 a. Es ist dies für die
Bildung einer schönen und später reichlich fruchtbaren Baumkrone
die allein gültige Regel.

Zu dergleichen Zeit, wo mit der Kronenbildung der ver=
edelten Obstsämlinge begonnen wird, müssen auch die bisher
auf eine gleiche Weise beschnittenen und unveredelt auf ihre
Stammhöhe herangezogenen Bäume ihre veredelten Kronen er=
halten, das durch das Kopuliren und Okuliren der Kronen=
zweige, oder durch das Aufpfropfen der ganzen Krone, das bei
dem Steinobst in dem Frühling so frühzeitig wie nur möglich
ausgeführt werden muß, geschehen kann.

Die noch weitere Pflege dieser Bäume, so lange sie noch in
der Baumschule stehen, beginnt in jedem Frühling schon zeitig
damit, daß man durch einen sehr vorsichtigen Schnitt dahin zu

wirken sucht, eine schöne gleichförmige Krone ohne viele Gelenke
zu erziehen. Treibt eine Seite der Krone stärkere und längere
Zweige wie die andere, so schneidet man die Zweige der mehr
schwächlichen Seite um 1 bis 2 Augen kürzer. Man nimmt
noch ferner alle an den Bäumen erscheinenden Wurzelausschläge,
Augen und Sprossen sogleich, wie sie erscheinen, hinweg, hält
durch ein sorgfältiges und mehr flaches Behacken die Erde um
die Bäume stets gut aufgelockert und von Unkraut rein.

Mit dem **Verpflanzen der Obstbäume** kann schon von
dem Spätherbst, dem November an, sobald die Knospen der
Bäume eine dunkle, in's Schwarze gehende Färbung angenom=
men haben, begonnen, und diese Arbeit bis zu dem Monat
März und oft auch bis in den April fortgesetzt werden. Auf
lockeren und trockenen Boden pflanzt man schon frühzeitig und
noch in dem Herbst, auf schweren und nassen Boden in dem
Frühling, stets aber nur bei einer guten, wenigstens trockenen
Witterung, der Boden soll locker und trocken und darf nicht
klebrig oder schmierig sein.

Eine längere Zeit, bevor eine Baumpflanzung unternommen
wird, macht man für jeden zu versetzenden Baum eine, den
Bodenverhältnissen und dem Wurzelstock des Baumes ange=
messene Grube, damit die ausgeworfene Erde, in welche diese
Bäume eingepflanzt werden sollen, durch die atmosphärischen
Einflüsse lockerer und fruchtbarer wird. Ist der Grund und
Boden auf eine ziemliche Tiefe von guter Beschaffenheit, so
können diese Gruben für die jungen Bäume aus der Baum=
schule 4—5 Fuß breit und 3—4 Fuß tief ausgeworfen werden,
wobei man die obere und gute Erde auf die eine, die untere
Erde aus der Grube auf die andere Seite und auch die Rasen
besonders aufsetzen läßt. Ist man aber genöthigt, auf einen
weniger guten oder geringen Boden zu pflanzen, so müssen
diese Gruben breiter und auch tiefer ausgeworfen werden, worauf
sodann, wenn nur irgend möglich, die ausgeschlagene Erde mit

einer guten und nahrhaften Erde oder anderen hierzu tauglichen Materialien: Dünger, Straßenkoth, Ausschlagerde aus Straßen=
gräben, Bauschutt ꝛc., welche eine längere Zeit in dem Freien auf Haufen gelegen, vermengt wird. Die Entfernung dieser Gruben richtet sich nach der Entfernung der verschiedenen Obst=
gattungen, welche angepflanzt werden sollen, worüber wir das Nähere in dem Abschnitt: 2) Eine zu nahe Pflanzung der Obst=
bäume ꝛc. angegeben haben.

Die Reihen der Bäume richtet man gleichlaufend mit der Mittagslinie, so daß die Strahlen der Mittagssonne in jede Baumreihe freien Zutritt finden, welche zu diesem Zweck leicht aufgefunden werden kann, wenn man einen höheren Stab fest und senkrecht in den Boden setzt; scheint die Sonne zu Mittag 12 Uhr, so giebt der Schatten des Stabes die Richtung der Mittagslinie, welche an dem Ende des Schattens mit einem kleineren Stabe bezeichnet wird. Spannt man nun an diesen beiden Pfählen eine Schnur, welche nach unten und oben be=
liebig verlängert wird, so hat man die erste Reihe für die Pflanzung, mit welcher die anderen Reihen gleichlaufend gezo=
gen werden. In allen diesen Reihen wirft man die Gruben im Verband aus, so, daß ein Baum der zweiten Reihe, genau auf die Mitte von je 2 Bäumen der ersten Reihe und diese sodann auch in der dritten und den folgenden Reihen, je auf die Mitte von 2 Bäumen der vorgehenden Reihe zu stehen kommen. — Aepfel= und Birnenbäume werden in den Reihen auch öfters vertheilt eingepflanzt, so daß in der einen Reihe ein Birnenbaum steht, wo in der anderen Reihe ein Apfelbaum sich befindet.

Nachdem die Reihen für die einzupflanzenden Bäume abge=
messen, mittelst einer Pflanzschnur und Stäben abgesteckt und die Gruben ausgeworfen sind, stellt man, sobald später zu der Anpflanzung selbst geschritten wird, in die Mitte einer jeden Grube einen 8—9 Fuß hohen Pfahl, dessen Rinde abgestreift

und an seinem unteren Ende eingebrannt oder verkohlt wurde, fest und senkrecht in die Erde. Sind in einer Reihe die Pfähle eingesetzt, so sieht man diese Reihe sorgfältig durch und läßt diese Pfähle erst dann fest einschlagen, wenn man sich überzeugt hat, daß sich diese sämmtlich in einer ganz geraden Linie befinden, sodann werden diese Gruben nach und nach mit der ausgegrabenen unteren Erde wieder etwas angefüllt, wenn man es nicht vorzieht, eine bessere und nahrhaftere Erde einzubringen. Nach unten in den Gruben kommen zuerst die Rasen verkehrt zu liegen, auf sie wird sodann die gröbere Erde nachgefüllt und diese etwas angetreten.

Von den zu verpflanzenden Bäumen nimmt man nur soviele von ihnen aus der Baumschule, als man auch sogleich wieder versetzen kann, und verwendet die größte Sorgfalt und Mühe darauf, daß diese ohne eine Beschädigung ihrer Wurzeln und wo möglich mit etwas Erde in denselben aus dem Boden kommen. Man arbeitet in einem größeren Umkreise um den Stamm die Erde um die Wurzelspitzen hinweg, fährt damit so lange und immer tiefer fort, bis die sämmtlichen Wurzelspitzen des Bäumchens nach und nach zum Vorschein kommen und verwendet die größte Sorgfalt darauf, daß diese weder mit der Haue noch dem Spaten verletzt werden; je mehr Erde in den Wurzeln bleibt, desto schneller und besser werden die verpflanzten Bäume anwachsen. Auf diese Erfahrung gestützt, hat man es gewagt, selbst große Bäume zu verpflanzen; für solche Unternehmungen ist jedoch der Winter, wenn der Frost die Erde dicht zusammenhält, und dadurch verhindert, daß der um die Wurzeln sich befindliche Erdballen durch keine Erschütterung weder bei dem Transport, noch bei dem Verpflanzen zertrümmert werden kann, wohl die geeignetste Zeit. Sobald die Grube mit der unteren Erde wieder angefüllt ist, wird das zum Einpflanzen bestimmte Bäumchen zur Hand genommen und dessen Wurzeln mit möglichster Schonung beschnitten, d. h. man schnei-

det an denselben nur dasjenige aus, was durch das Ausgraben
beschädigt, oder bei dem Transport vertrocknet ist, niemals
schneide man an gesunden und unbeschädigten Wurzeln. Die
Schnittflächen führt man schief und richtet sie nach unten auf
die Erde, wobei größere Verwundungen sorgfältig mit Pfropf=
wachs überstrichen werden. Hierauf nimmt man an dem Stamm
von unten alle vorkommenden Knospen ꝛc. hinweg und schreitet
nun auch zu dem Schnitt der Krone. An dieser läßt man
4—5 der gleichförmigst vertheilten Zweige stehen und schneidet
die übrigen aus. Diese, die Krone bildenden Zweige werden
sodann über einem nach Außen sehenden Auge auf eine Länge
von 2—3 Augen zurück geschnitten. Ist das Bäumchen auf
diese Weise beschnitten, so hält man dasselbe an dem Pfahl in
die Grube, wodurch man sieht, wie viele Erde noch nachgefüllt
werden muß, damit dasselbe bei dem Einpflanzen auf die gleiche
Tiefe (ja nicht tiefer) wieder zu stehen komme, wie dasselbe
früher in der Baumschule stand, das an dem Stämmchen selbst
abgesehen werden kann, worauf dasselbe an die Morgenseite des
Pfahles gegen Südost, mit der schwächsten Kronenseite gegen
Süden, senkrecht aufgestellt wird. Zu dem nun folgenden Ver=
pflanzen sind zwei Personen nöthig, die eine hält den zu ver=
setzenden Baum auf die gleiche Tiefe in die Grube ein, wie er
vorher gestanden hat, die andere Person aber ist damit be=
schäftigt, die Grube, nachdem diese bis zu der Höhe der untersten
Baumwurzeln mit lockerer Erde angefüllt und diese etwas an=
getreten ist, die Erde rings um den Wurzelstock des Baumes
auszufüllen und etwas anzutreten, das so lange fortgesetzt wird,
bis man mit diesen Ausfüllen zu den unteren Wurzeln des
Bäumchens selbst gelangt. Nun legt man diese Wurzeln, mit
den Händen ausgebreitet, in der gleichen Richtung, wie diese um
das Stämmchen stehen, auf die angefüllte Erde, bedeckt diese
Wurzeln mit einer guten nahrhaften und frischen Erde, füllt
hierauf mit dieser Erde auch die Zwischenräume der Wurzeln

sehr sorgfältig aus, das so lange fortgesetzt wird, bis auch die folgenden, mehr nach oben liegenden Wurzeln und ihre Zwischen= räume mit Erde bedeckt, ausgefüllt und angedrückt sind. Mit diesem Ausfüllen der Baumwurzeln mit guter und lockerer Erde fährt man so lange fort, bis alle Wurzeln, auch die ganz oberen, nach der angegebenen Weise mit Erde bedeckt sind, hierauf wird nach oben abermals eine Lage guter lockerer Erde aufgebracht, diese gleichförmig um das Stämmchen vertheilt und mit einem Fuße sanft angedrückt. Bei Herbstpflanzungen, oder bei solchen schon frühzeitig in dem Frühling und bei einem mehr feuchten Boden, werden die verpflanzten Bäume nicht begossen, später aber und bei mehr trockenem Boden schlämmt man diese Bäume ein; man giebt nämlich, sowie man mit dem Einpflanzen in den Gruben immer höher kommt, etwas Wasser auf die mit Erde bedeckten Wurzeln. Nach dem Verpflanzen werden die jungen Bäume an ihren Pfählen angebunden, wie wir dies in dem Abschnitt: Das Anbinden, Anheften der Bäume, angegeben haben.

Anfänglich bedürfen die verpflanzten Bäume keiner großen **Pflege**; man nimmt das um sie aufwachsende Unkraut, noch klein, mit den Wurzeln aus und sodann auch später alle in das Innere der Baumkronen einwachsenden jungen Triebe noch sehr klein mit den Fingern hinweg, wodurch die Austriebe der be= schnittenen Kronenzweige stärker und kräftiger werden. Man sieht nämlich von Zeit zu Zeit nach den versetzten Bäumen und nimmt außer den, in die Kronen einwachsenden Knospen auch alle weiteren Augen und Sprossen, welche an den Stämmen ausbrechen wollen, schon zeitig hinweg und begießt sie besonders bei einer mehr trockenen Witterung fleißig. Kommt der Herbst, so wird die Erde um die Stämme sorgfältig und mehr tief aufgelockert.

In dem nächsten Frühling, wo diese Bäume auf's Neue wieder angebunden, müssen auch ihre Kronenzweige wiederholt zurück geschnitten werden, um eine in dem Innern hohle und lichte Krone dadurch zu bilden, daß man alle in diese einwachsenden Zweige entfernt und diese Kronenzweige auf 3—4, über einem nach Außen stehenden Auge zurück schneidet. Bleiben einige Kronenzweige in ihrem Wachsthum gegen die übrigen zurück, so schneidet man diese um einige Augen kürzer. Gleich sorgfältig nehme man alle bis in den Spätherbst erscheinenden Wurzelausschläge, Augen und Sprossen an den jungen Stämmen hinweg. Nach diesem Schnitt werden die Bäume wieder angebunden, die Erde um die Stämme in einem größeren Umkreise gut aufgelockert, das während des Sommers bis in den Spätherbst stets zu geschehen hat, sobald sich wieder junges Unkraut einfindet oder die Erde durch Schlagregen und Hitze zu sehr verhärtet. Mit dieser Pflege wird auch in den folgenden Jahren fortgefahren, doch darf die Krone nicht zu sehr an Umfang gewinnen, sondern man schneidet, sobald diese in ihrem Innern gut gebildet ist, die Kronenzweige über einem, nach oben sehenden Auge und sucht hierdurch eine schöne, pyramidenförmige Krone zu bilden. Sehr sorgfältig müssen diese Kronenzweige und die Stämme dieser Bäume auch in der Folge überwacht werden; sobald auch nur weniges Moos an ihnen aufkommt, oder an einzelnen Stellen die Rinde aufzureißen droht, so müssen diese mit einem stumpfen Werkzeug (Baumscharre) abgeschabt, die Stämme und Aeste mit einer in Seifensiederlauge getauchten Bürste abgewaschen und über Winter mit gelöschtem Kalk (Kalkmilch) überpinselt werden; worauf sodann in dem Spätherbst, über Winter, bis zu dem Beginn des Frühlings zu diesen Bäumen gedüngt wird, das womöglich mit gutem, kräftigem Compost oder gänzlich verrottetem Stallbdünger geschehen sollte, weil frischer Dünger, wie derselbe gewöhnlich um die Bäume gelegt wird, mehr schadet denn nützt. Es können zu der **Düngung der Obstbäume** auch Knochenmehl, Malzkeime, Ofenruß ꝛc. sehr nützlich in Anwendung kommen, wenn man

rings um diese, so weit ihre Kronenäste hinausreichen, in größe=
ren und kleineren Kreisen einige Furchen so tief zieht, daß die
oberen Wurzeln der Bäume noch um einige Zoll tiefer liegen.
In diese Furchen bringt man diese Düngerstoffe und bedeckt sie
mit der ausgeworfenen Erde. Verwendet man flüssigen Dünger=
alte Mistjauche mit Wasser vermengt, so wird auch dieser in
diese Furchen eingegossen, oder man macht mit einem spitzen
Pfahl in kleineren und größeren Umkreisen um die Bäume tiefe
Löcher in den Boden und gießt mit einer Gießkanne diesen
Dünger ein. Mit einer Düngung, nahe um den Stamm der
Bäume, wird der eigentliche Zweck einer Düngung nicht erreicht,
weil sich nicht hier, sondern in einer größeren Entfernung um
den Stamm die meisten Saugwurzeln befinden.

Auf den bebauten Feldern, wo die Wurzeln der Obst=
bäume durch das öftere Umgraben und das Pflügen des Bodens
sehr oft beschädigt werden, das an dem gehemmten Wachsthum
dieser Bäume, ihren gelblichen und kränklichen Blättern, dem früh=
zeitigen Abfallen ihrer Blüthen und Früchte leicht zu erkennen
ist, deckt man die Erde bis auf den Wurzelstock dieser Bäume
ab, schneidet die beschädigten Wurzeln bis auf ihre gesunden
Theile aus, verklebt diese Schnittwunden mit Pfropfwachs und
bringt frische und nahrhafte Erde auf den Wurzelstock dieser
Bäume.

An den schon älteren und tragbaren Obstbäumen nimmt
man vor dem Eintritt des Frühlings nicht nur die dürren und
halbdürren, sondern auch die überflüssigen und schädlichen, die
Wuchertriebe (Wasserschosse, Räuber) und die in das Innere
der Kronen einwachsenden, die sich kreuzenden und reibenden
Aeste und Zweige hinweg. Alle abzunehmenden Aeste und
Zweige müssen an dem Stamm und den Aesten möglichst nahe,
ohne die Rinde dieser Letzteren zu verletzen, mit einer guten
Säge ab=, mit einem scharfen Messer glatt geschnitten und diese

Schnittwunden mit einer guten Oelfarbe oder Pfropfwachs über=
strichen werden.

Solche Bäume, welche nach aller Sorgfalt und Pflege, welche
den Wurzeln, dem Stamm und auch ihren Kronen zu Theil
wird, dennoch nicht zu Kräften kommen, werden durch eine
Verjüngung ihrer Kronen noch öfters verbessert. Man
nimmt die älteren und kränklichen Aeste nach und nach hinweg
und bildet aus den, an den abgeschnittenen Stellen auswach=
senden jungen Zweigen die junge Krone. Kirschen, besonders
die veredelten, ertragen vermöge ihres sehr starken Saftflusses
keine Verjüngung, dagegen ist diese bei allen anderen Obst=
gattungen sehr vortheilhaft anzuwenden, besonders wenn wäh=
rend des Winters zu diesen Bäumen gut gedüngt und der
Boden durch eine frische, gute und nahrhafte Erde verbessert
wird; Pflaumen= und Zwetschgenbäume werden dadurch unge=
mein fruchtbar.

Anzucht, Schnitt und Pflege der Zwergbäume.

Der Nutzen, den gut erzogene und sorgfältig gepflegte Zwerg=
bäume fast alljährlich einbringen, ist ein sehr großer; es lassen
sich durch eine Pflanzung mit diesen Obstbäumen ohne Schaden
für die anderen gebauten Produkte, selbst auf einem nur kleinen
Raum, eine Menge der schönsten und werthvollsten Früchte er=
ziehen, die, als vorzügliches Tafelobst schon zeitig zu Markt ge=
bracht, eine nicht unerhebliche Einnahme bilden. Wenn man
bedenkt, wie viele Stellen in den Gärten, um die Gemüsebeete ꝛc.
mit Cordon= und anderen Zwergbäumen, wie viele Gebäude,
Mauern und Einfriedigungen um Gärten und Höfe in den
besten Lagen noch mit Spalierbäumen bekleidet werden können,
welche auf keinen Gegenstand des Betriebs störend einwirken,
als natürliche Tapeten aber ungemein Vieles zu der Verschöne=
rung des Wohnsitzes beitragen, so leuchtet der Nutzen wohl von

selbst ein, welcher durch eine Pflanzung mit diesen niedrigen
Obstbäumen, jenen bisher unbenutzten Stellen noch abgerungen
werden kann.

In Frankreich wird diesem, für den Obstbau so sehr wichti=
gen Gegenstand eine weit größere Aufmerksamkeit zugewendet
wie bei uns. Man hat die Erziehung hochstämmiger Obstbäume
in den französischen Gärten theilweise deßhalb aufgegeben, weil
ein älterer, tragbarer Hochstamm sehr vielen Raum einnimmt
und im Durchschnitt nur auf je drei Jahren ein gutes Obstjahr
fällt. Gewöhnlich giebt der Hochstamm in Frankreich nach
einem fruchtbaren Jahre das nächste Jahr wenig und das dritte
Jahr fast gar kein Obst. Bei einer Kultur an den Spalieren
und den Cordons ist dagegen das Verhältniß ein bei Weitem
günstigeres. Hier giebt es immer Obst, wenn auch manchmal
nur wenig, und man hat daselbst die Erfahrung gemacht, daß
diese Methode in der Obstbaumzucht nicht allein den Vortheil
bietet, daß man auf ein sehr erträgliches fruchtbares Jahr nur
ein mittelmäßiges zu rechnen braucht, ein Jahr aber, in welchem
gar kein Obst wächst, bei dieser Kultur gar nicht vorkommt,
sondern daß hauptsächlich bei derselben stets größere, schönere
und wohlschmeckendere Früchte gewonnen werden, als dies bei
den hochstämmigen Obstbäumen der Fall ist; das edle Tafelobst
wird in Frankreich nur durch die Spalier= und Cordonkultur
erzeugt.

Frankreich besitzt nämlich eine Menge Obstgärten, in welchen
ausschließlich nur Spalierbäume kultivirt werden. Diese Gärten
sind theilweise oder gänzlich mit Mauern durchzogen, welche oft
das ganze Grundstück durchschneiden. Als sehr einträglich er=
weisen sich abgerundete Mauern, welche in geraden Linien gegen
Mittag, eine von der andern etwa 6 Meter (= 22,8 Fuß rhein.)
entfernt, in beliebiger Anzahl erbaut werden. An diesen Mauern,
an welchen in dem Winter und Frühling die Schutzvorrichtun=
gen leicht anzubringen und zu handhaben sind, werden die

Bäume, Pfirsiche, Birnen, seltenen Aprikosen ausgepflanzt und diese Bäume nach den dort gebräuchlichen Schnittweisen ange= bunden. An dem obersten Rande dieser Mauern sind etwas abwärts geneigte Eisen= oder Holzstäbe eingerammt, auf welche die mit Stroh überzogenen Holzrahmen gelegt werden, und auf diese Weise ordentliche Schutzdächer bilden. Diese Schutzrahmen sind größtentheils 2 Meter lang, 60 Centimeter breit und wer= den mit Weidenruthen an den Eisenstäben ꝛc. befestigt. Sie dienen als Schutz gegen die kalten Regen, welche nur zu oft Glatteis erzeugen, das bekanntlich auf die treibenden Bäume sehr nachtheilig einwirkt und auch um den zu starken Sonnen= schein abzuhalten, mit einem Wort, die überaus schädlichen Ein= wirkungen der ersten Frühlingsepoche nach Möglichkeit unschädlich zu machen. Die Mauern selbst werden mit der größten Sorg= falt überwacht, denn Reinlichkeit und Gleichmäßigkeit des An= wurfes der stets weißen Mauer sind unerläßliche Bedingungen für das gute Gedeihen der Spalier=Obstbäume. An der Schat= tenseite einer solchen Mauer wird die Schatten=Amarelle, eine große, zu Ende des September reifende Weichselsorte und auch mehrere Birnen=Varietäten angepflanzt. Als ein weiterer sehr bedeutender Vortheil dieser Spalierzucht muß noch angeführt werden, daß auch der Apfelbaum an den nördlichen Seiten dieser Spaliermauern mit Nutzen gezogen wird, da derselbe Frische und Feuchtigkeit zu seinem guten Fortkommen liebt und an einer Mauer nur an solchen Standorten reichlich trägt.

Zu der Anlage eines solchen, einen sehr reichlichen Ertrag gewährenden Spalier=Obstgartens empfiehlt Du bruil das südlich oder südöstlich gelegene Garten=Grundstück, mit Ausnahme der Sonnenseite, mit 10 Fuß hohen Mauern umgeben zu lassen, der Boden wird hierauf 4 Fuß tief rajolt und reichlich gedüngt, weil die Bäume sehr nahe gepflanzt werden. Von Nordost nach Südwest, oder einer etwas veränderten Richtung, wird der Garten von 6 Fuß breiten Beeten mit 2—3 Fuß

breiten Wegen durchzogen. In der Mitte eines jeden Beetes
ist ein leichtes, freistehendes, 9 Fuß hohes, von Eisendraht und
Latten verfertigtes Spalier aufgestellt, das mit einem etwa
10 Zoll vorspringenden Schutzdache von Stroh bedeckt ist. Zu
der Befestigung dieser sämmtlichen Spaliere werden quer durch
den Garten gezogene, auf den Mauern befestigte starke Eisen=
drähte angebracht. Die Spaliere selbst stehen 10 Fuß von
einander ab, das erste zunächst der Mauer 15 Fuß. An einer
jeden senkrechten Latte dieser Spaliere wird nur ein Bäumchen,
das sich nicht veräsien darf, und diese alle auf eine Entfernung
von nur 1½ Fuß eingepflanzt, während die Mauern mit schief
gezogenen Pfirsichbäumen und Weinstöcken bepflanzt werden.
Derselbe berechnet, daß auf einem solchen nur 90 Q.=Ruthen
großen Raum, bei guten Boden= und Lageverhältnissen, an den
Spalieren 167,000 Aepfel, Birnen, Pfirsiche und Aprikosen, an
den Drahtschnüren, der Cordon als eine Einfassung um die
Beete ꝛc., aber noch 6696 Stück Aepfel mit ziemlicher Gewißheit
erzogen werden können. Die Kosten sollen durch die drei ersten
Jahreserträge gedeckt werden, denn diese Bäume tragen schon
von dem dritten Jahre an, obschon nur einjährige Veredlungen
angepflanzt werden ꝛc.

Diese Mode=Obstkulturen in den Gärten Frankreichs um=
fassen, wie erwähnt, nur Zwergbäume, durch verschiedene Schnitt=
weisen geformt, welche bei einer guten und sorgsamen Pflege
recht gut gedeihen, und es läßt sich nicht in Abrede stellen, daß
auf einer Fläche, wo früher in einem Garten 10 bis 15 hoch=
stämmige Obstbäume standen, bei dem jetzigen Verfahren 100 Stück
Zwerg=Obstbäume Platz finden, welche durch die modernen
Schnittweisen gezwungen werden, günstigenfalls schon in dem
zweiten Jahre, also als dreijährige Veredlungen, Früchte zu
tragen. Sodann giebt es allerdings einige sehr fruchtbare Jahre,
doch sind binnen 10—12 Jahren die Bäume durch diese Be=
handlung dermaßen erschöpft, daß sie aus den Obstgärten fort=

geschafft und durch junge Bäume ersetzt werden müssen. Die schnelle Tragbarkeit und die dadurch eintretende schnelle Erschöpfung dieser Obstbäume erklärt sich auf eine natürliche Weise dadurch, daß immer nur auf die Bildung von Tragknospen hingearbeitet wird, das zu der Fruchtbildung allerdings nothwendig ist, aber auch die baldige Erschöpfung dieser Obstbäumchen zur Folge hat. Dies bildet in Frankreich jedoch keinen Grund, diese so sehr einträgliche Obstkultur aufzugeben; denn selbst zwischen den freistehenden, in Reihen gepflanzten hochstämmigen Obstbäumen und um die Gemüsebeete, welche gewöhnlich einen Theil des Obstgartens ausmachen, findet man die Cordonbäumchen gepflanzt. Jeder Winkel an den Gebäuden, die Gartenmauern und oft mehrere hinter einander stehende Quermauern sind sämmtlich mit den verschiedenen Formen von Spalierbäumen bepflanzt.

Wird eine solche Pflanzung von Obstbäumen unternommen, so wird daselbst hauptsächlich dafür gesorgt, daß der Eigenthümer des Grundstückes das ganze Jahr hindurch Obst hat. Es werden von den Birnen, mit Ausnahme einiger sehr vorzüglicher Herbstbirnen, nur spätreifende, sehr gute Varietäten gewählt, andererseits will man auch sobald wie möglich zu einem Erträgnisse kommen und verzichtet daher auf die Aussicht, die Obstbäume 40 bis 50 Jahre und noch länger fruchtbringend zu erhalten, wie dies bei den Hochstämmen der Fall ist; daher sind jene Obst-Varietäten in Frankreich besonders beliebt, welche ein mehr schnelleres Wachsthum mit einer schon frühzeitigen und reichen Fruchtbarkeit verbinden.

1) Zwerg-Kronenbäume.

Sehr reichlich fruchtbare Zwergbäume, deren verschieden geformte Kronen auf einem nur niedrigen glatten Stamme ruhen. Gut gelockerter, kräftiger, fruchtbarer Boden und eine gute, warme, geschützte Lage, verbunden mit einer sehr sorgfältigen Pflege und einer während des Winters aufzubringenden reichlichen Düngung, bilden die Grundlage für das gute Gedeihen dieser Bäume. Sie werden je nach der schwächeren oder stärkeren Triebkraft ihrer Unterlagen und der auf sie veredelten Obstvarietäten auf eine Entfernung von 5, 6 und 8 Fuß ꝛc. verpflanzt.

Die **Veredlung** der Zwergbäume, der Zwergkronen-, sowie der Spalier- oder Geländerbäume, ob diese durch das Kopuliren oder das Okuliren gemacht wird, darf nie so niedrig über dem Wurzelstocke dieser Grundstämme stattfinden, daß diese Veredlungsstelle bei dem später folgenden Verpflanzen dieser Bäume mit in die Erde gebracht wird. Es bilden sich dadurch, wie dies besonders bei den Zwerg-Aepfelbäumen, auf den Paradiesapfel, Pyrus Malus paradissica, veredelt, sehr häufig der Fall ist, an der Veredlungsstelle leicht Wurzeln, wodurch sich der Baum frei macht, gleichsam auf seinen eigenen Füßen steht, wodurch die Eigenschaften des Grundstammes unwirksam werden und sodann der Baum zu dem Nachtheil seiner Form und Fruchtbarkeit ein weit stärkeres Wachsthum entwickelt, als gewünscht wird. Derselbe Fall tritt ein, wenn diese Bäume zu tief gepflanzt werden, das sehr sorgfältig zu vermeiden ist. Bei Zwergbäumen, wo eine solche Selbstbewurzelung des Edelstammes schon eingetreten ist, hilft man durch das Hinwegräumen der Erde um den Stamm, genügt dies nicht, so müssen diese Bäume gehoben, höher gestellt, jüngere Bäume umgepflanzt werden. Nach der Veredlung sehe man fleißig nach dem Verband dieser Stämmchen, welcher, sobald die Reiser oder Augen auszutreiben beginnen, lockerer angelegt oder mit einem scharfen Federmesser von Innen nach Außen durchgeschnitten und der Verband mit kaltflüssigem Pfropfwachs wieder überstrichen werden muß, indem zu dieser Zeit bei einem festen Bund an der

Veredlungsstelle leicht eine Vernarbung entsteht, welche sich nach und nach zu einer oft beträchtlichen Wulst ausbildet.

Zu der Anzucht der Zwerg-Obstbäume wählt man sich zu Grundstämmen (Unterlagen, Wildlingen) nur schwach treibende Obstgattungen rc., welche sich durch eine feine, reiche, nur flach greifende Bewurzelung auszeichnen und zu den niedrigen oder strauchartigen Obstgattungen rc. gehören, indem man sie dazu benutzt, das Wachsthum der auf sie gesetzten Edelreiser und Augen zu mäßigen, weil bei der Kultur dieser Bäume niedriger Wuchs in zierlicher Form, verbunden mit einer reichen Frucht= barkeit, angestrebt wird. Benutzt man zu der Anzucht von höheren und stärkeren Zwergbäumen die Obstsämlinge aus ihren eigenen Kernen, so müssen aus einer solchen Saat nur die schwach treibendsten ausgewählt und diese durch ein schon früh= zeitiges und öfteres Verpflanzen und dem jedesmaligen Verkürzen ihrer stärkeren Wurzeln mit einer reichen und nur flach greifen= den Bewurzelung angezogen werden.

Für **Aepfel = Zwergbäume** verwendet man zu Grund= stämmen (Unterlagen, Wildlingen), zu niedrigen und nur schwach treibenden Bäumen: die jungen Stämmchen des Paradiesapfels, Pyrus Malus paradissica; — zu höheren und stärkeren Bäu= men: die Stämmchen des Splittapfels, P. M. frutescens, franz. Doucin; — zu hohen und starken Zwergbäumen: die Stämm= chen von nur schwach treibenden Aepfelsämlingen.

Für **Birnen = Zwergbäume** zu sehr niedrigen und nur schwach treibenden Bäumen: die jungen Stämmchen des Weiß= borns, Crataegus oxyacantha; — zu höheren und stärkeren Bäumen: die aus Samen oder Stecklingen erzogenen Stämm= chen der Quitten, Pyrus Cydonia; — zu höheren und stärkeren Bäumen: die Stämmchen der nur schwach treibenden Birnen= sämlinge.

Für **Quitten = Zwergbäume** die jungen Stämmchen der Quitten. — Zu höheren und stärkeren Sträuchern oder hoch=

stämmigen Quittenbäumen stark treibende Birnensämlinge; von ihnen erhält man besonders schöne und große Früchte.

Für **Mispel-Zwergbäume** die Sämlinge der Mispel; — zu höheren und stärkeren Sträuchern mit sehr schönen und großen Früchten stark treibende Birnensämlinge.

Für **Pfirsich-Zwergbäume** zu sehr niedrigen und nur schwach treibenden Bäumen: die Sämlinge des Schwarzdorns, der Schlehe, Prunus spinosa; — zu höheren und stärkeren Bäumen: die Sämlinge aus den Kernen der besseren Pfirsich= Varietäten; — für einen mehr leichten, tiefen und warmen Boden: die jungen Stämmchen der süßen Mandel; — für wenig tiefen, feuchten und mehr kalten Boden: die jungen Stämmchen der Pflaumen, Damas noir, Saint Julien, der böhmischen Hundepflaume 2c.

Für **Aprikosen-Zwergbäume** zu sehr niedrigen und nur schwach treibenden Bäumen: die Sämlinge des Schwarzdorns, der Schlehe, Prunus spinosa; — zu höheren und stärkeren Bäumen: die Sämlinge der Aprikose, Aveline douce, mit süßem Kern, oder andere Aprikosensämlinge, besonders solche mit einer mehr glatten und silbergrauen Rinde, ferner die Sämlinge der Kirschpflaume, Prunus cerassifera, Ehr., und die Sämlinge jener Pflaumen=Varietäten wie bei den Pfirsichen.

Für **Pflaumen=Zwergbäume** zu sehr niedrigen und nur schwach treibenden Bäumen: die Sämlinge des Schwarzdorns, Prunus spinosa; — zu höheren und stärkeren Bäumen: die Sämlinge von Pflaumen; — zu höheren und stärkeren Bäumen: die jungen Stämmchen der Reineclauden und Damascener Pflaumen mit wolligen Trieben.

Für **Sauerkirschen-Zwergbäume** die Sämlinge und Aus= läufer der Ostheimer=Weichsel, Prunus Chamaecerassus; — zu höheren und stärkeren Bäumen: die Sämlinge der Dolden= kirsche, Steinweichsel, Prunus Mahaleb; — und ihre eigenen Sämlinge.

Für **Süßkirschen=Zwergbäume** wählt man die gleichen Grundstämme wie für die Sauerkirschen.

Bei der Wahl dieser Grundstämme (Unterlagen, Wildlinge) für die in Zwergformen zu erziehenden Obstsorten gilt im All= gemeinen als Regel: für das Steinobst solche Grundstämme auszuwählen, welche das schnelle Wachsthum des Edeltriebes befördern, da hier das einjährige Holz fruchttragend ist. — Bei dem Kernobst sollen dagegen solche Grundstämme verwendet werden, welche das Wachsthum des Edelreises zurückhalten, um einen kurzen, gedrungenen und festen Trieb zu erreichen, da hier nur auf zwei= und dreijährigem Holze die Fruchtknospen sich entwickeln.

Diese Eigenschaften einer schwächeren oder stärkeren Trieb= kraft dieser Grundstämme oder Unterlagen sind bei dem künftigen Schnitt der Zwergbäume sehr zu berücksichtigen, und es müssen solche Bäume, welche vermöge ihrer Unterlagen ein nur schwäch= liches Wachsthum entwickeln und nur niedrige und schwächliche Bäume bilden, stets mehr kurz, auf kräftige Holztriebe, die höher wachsenden und mehr stärkeren Zwergbäume länger, die hohen, kräftigen und starken Bäume lang geschnitten werden. S. Ab= schnitt: Die auf den Schnitt, die kräftige Ausbildung, Frucht= barkeit und Lebensdauer der Obstbäume einwirkenden Verhält= nisse. Anzucht der Zwergbäume.

Erzieht man die Zwergbäume auf den Unterlagen ihrer eigenen Sämlinge, wie wir dies bei einigen der oben angege= benen Obstgattungen anführten, wodurch man sehr starke, kräf= tige und dauerhafte Zwergbäume erhält, so kann die Veredlung derselben so nahe wie möglich über dem Wurzelstock der Grund= stämme gemacht und diese Veredlungsstelle bei dem künftigen Verpflanzen auch ohne Schaden mit unter die Erde gebracht werden. Wir haben dies gelegentlich schon früher öfters er= wähnt; denn leider sind die trefflichen Unterlagen des Paradies= apfels und der Quitte bei unsern klimatischen Verhältnissen zu häufigen Krankheiten ausgesetzt und von einer nur kurzen Dauer, um diese bei den schutzlosen, freistehenden Zwergbäumen allge= mein empfehlen zu können. Die Quitte bildet für die Birnen= Zwergbäume, für die Spalierzucht in Frankreich und deren so mannigfaltigen, oft wirklich künstlerischen Formen eine sehr vor= zügliche Unterlage, indem auf derselben das Edelreis eine Menge sehr gleichmäßiger Triebe bildet, und hierdurch fortwährend das Heranziehen der oft unglaublichen Baumformen möglich macht. Es unterliegt aber keinem Zweifel, daß auch bei unsern klimati= schen Verhältnissen, auf gutem Boden, in einer guten, ausge= wählten und geschützten Lage, bei einer gleichen sorgfältigen Anzucht, Schnitt und Pflege der Zwergbäume durch die Unter= lagen des Paradiesapfels und der Quitte die gleichen Vortheile erreicht werden können.

Folgt nach der Veredlung dieser Zwerg=Obstbäume eine länger andauernde trockene Witterung, so müssen die veredelten Stämmchen öfters mit dem Rohr der Gießkanne und jedesmal ziemlich stark begossen und die Erde um diese von Unkraut rein und gut aufgelockert unterhalten werden, das aber nur sehr vorsichtig zu geschehen hat, damit die oberen Wurzeln nicht los= gerissen oder beschädigt werden. Die Austriebe der Edelreiser und der eingesetzten Augen heftet man nach ihrem fortschreiten= den Wachsthum an die den Stämmchen beigegebenen Stäbe und läßt sie in dem ersten Jahre ihrer Veredlung, ohne sie durch Abkneipen oder Beschneiden in ihrem Wachsthum zu stören, ruhig fortwachsen. Die Stämmchen der Pfirsiche, Aprikosen, Kirschen und Pflaumen mit kräftig entwickelnden Edeltrieben pflanzt man auf einen leichten, warmen und trockenen Boden noch in dem Herbst; die jungen Aepfel= und Birnenbäumchen 2c. besonders auf einen mehr feuchten und kälteren Boden am besten in dem Frühling, doch stets nur bei einer mehr guten und trockenen Witterung und gut abgetrocknetem Boden. Zwerg= bäume, welche zu dem Verkauf angezogen werden, verpflanzt man zu derselben Zeit auf besondere Beete der Baumschule oder des Gartens, 3 Fuß von einander entfernt, die jungen Spalier=bäume an ein leichtes, mit Stäben und Eisendrähten errichtetes Geländer, wo sie sodann in dem folgenden Frühling den ersten Schnitt zu ihren künftigen Formen erhalten.

Das **Verpflanzen der Zwerg-Obstbäume** muß mit vieler Sorgfalt geschehen, damit diese einen ihren Verhältnissen angemessenen Standort erhalten, an welchem sie ihre Wurzeln ungehindert nach allen Richtungen verbreiten und die in der Erde liegenden Nahrungstheile aufsuchen können; sie sollen auch mit einer möglichsten Schonung ihrer Wurzeln ausgenommen werden; man arbeitet in einem größeren Umkreise die auf und um ihre Wurzeln liegende Erde hinweg, bis sich der Wurzel=ballen des Bäumchens leicht heben läßt. Von den Wurzeln werden nur diejenigen bis auf ihre gesunden Theile zurückge=schnitten, welche durch das Ausgraben beschädigt oder durch den Transport vertrocknet sind. Den Schnitt führt man stets nach unten, damit diese Schnittwunden auf die Erde zu liegen kom=men, das ihre schnelle und sichere Vernarbung begünstigt. Von den Zweigen schneidet man bei einer Pflanzung in dem Herbst nur die zerbrochenen und beschädigten zurück und wartet mit dem ersten Schnitt zu ihren künftigen Formen, und um ein richtiges Verhältniß dieser Zweige zu den Wurzeln herzustellen, bis in den Frühling. Zu dem Verpflanzen wähle man sich nur solche junge Bäume, welche gesund, gut gewachsen und in dem Verhältniß ihres Alters auch ziemlich stark und kräftig sind, jüngere Bäume wachsen stets leichter und sicherer, wie die älteren und schon mehr erstarkten.

Pflanzt man auf einen gut gelockerten, dungkräftigen und mehr leichten Boden wie in den Gemüsegärten rc., so dürfen die Baumlöcher für die zu versetzenden Zwergbäume weniger tief ausgeworfen werden, als dies auf den mehr festen und thonigen Bodenarten zu geschehen hat. Auf diesen letzteren

können diese Pflanzlöcher nicht leicht zu tief und breit ausge=
worfen und auch der Boden der Gruben muß mit einer Haue
aufgelockert werden; je tiefer und breiter diese Gruben gemacht
werden, desto besser ist es für die versetzten Bäume, weil bei
dem Verpflanzen derselben ihre Wurzeln in einer größeren
Tiefe und Breite mit einer guten und lockeren Gartenerde um=
geben werden können, das nicht nur ein schnelleres und sicheres
Anwachsen, sondern auch die mehr kräftige Entwickelung dieser
Bäume sehr begünstigt. Hauptsache bei dieser Arbeit ist, daß
die rechte Tiefe gewählt wird und der zu versetzende Baum
nicht tiefer zu stehen kommt, als er vorher gestanden hat; man
pflanzt die Zwergbäume besser etwas höher, denn das tiefere
Verpflanzen ist stets von den nachtheiligsten Folgen. Auf den
mehr feuchten und thonigen Bodenarten ist dies besonders sehr
zu beachten, es ist daselbst stets von Vortheil, wenn die oberen
Wurzeln von der eindringenden Luft leicht erreicht werden
können. Diese Bäume sollten daher auch bei einem mehr nie=
brigen Verpflanzen auf gutem und lockerem Boden nur leicht
mit Erde überdeckt werden. Das Verpflanzen selbst geschieht
auf die bekannte Weise, muß aber mit vieler Sorgfalt verrichtet
werden. Man füllt die mehr tiefen und breiten Pflanzlöcher
mit einer guten und lockeren Gartenerde, welche mit dem Fuß
sanft angetreten wird, soweit wieder an, wie dies für die richtige
Tiefe des zu verpflanzenden Bäumchens nöthig erscheint, füllt
hierauf mit dieser guten und lockeren Erde auch alle Zwischen=
räume der Wurzeln sehr sorgfältig aus, das so lange fortgesetzt
wird, bis auch die mehr nach oben liegenden Wurzeln und alle
ihre Zwischenräume mit Erde umgeben, bedeckt und angedrückt
sind, das aber nicht mit einer Schaufel, sondern sehr sorgfältig
mit den Händen geschehen sollte. Mit diesem Anfüllen der
Pflanzlöcher wird so lange fortgefahren, bis alle Wurzeln, auch
die oberen, nach der angegebenen Weise mit Erde ausgefüllt und
bedeckt sind, hierauf wird ganz oben eine leichte Lage guter

lockerer Erde aufgebracht, diese sorgfältig um das Stämmchen vertheilt, gegen die Mitte angedrückt, damit um das Stämmchen eine vertiefte Scheibe gebildet wird, in welcher das Regenwasser leicht stehen bleibt und in welche bei dem Begießen dieser Bäume auch das Wasser eingegossen wird. Folgt nach dem Verpflanzen dieser Bäume eine mehr anhaltend trockene Witterung, so bedeckt man die Erde in dem gleichen Umkreise der gemachten Pflanz=löcher mit zerstoßenen Holzkohlen, Häckerling oder kurzem und kräftigem Dünger, wodurch die Feuchtigkeit des Bodens länger erhalten wird, und begießt auch die verpflanzten Bäume reichlich, das nicht zu oft, stets aber mehr stark geschehen muß. Unkraut darf um die verpflanzten Bäume während des ganzen Sommers und auch in den folgenden Jahren nicht aufkommen, lockert durch ein sehr vorsichtiges Behacken die Erde um diese Bäume auf, damit keine Wurzeln losgerissen oder beschädigt werden, sobald diese durch das Begießen, durch Regen oder eine größere Hitze wieder erhärtet.

Bei der Pflanzung von Spalier= und Cordonbäumchen in Frankreich, also überall da, wo die Bäume durch ein öfteres Anbinden ganz ruhig stehen, wird die Erde nur einfach umge=stochen und die Bäumchen, ohne tiefe Löcher zu graben, mit sorgsam ausgebreiteten Wurzeln, von welchen nur die zerbroche=nen und zerquetschten zurückgeschnitten oder entfernt werden, gepflanzt und mit Erde anfänglich leicht überstreut, damit diese zwischen die Wurzeln komme. Hierauf wird, wenn diese leicht bedeckt sind, mit der Schaufel angefüllt, ausgeglichen und endlich mit der Hand eine seichte Scheibe gemacht, um die eben versetzte Pflanze genügend begießen zu können. Von Vortheil ist, auf die Wurzeln gute alte Mistbeet= oder Düngererde, mit Garten=erde vermengt, aufzustreuen. Alle 2—3 Jahre werden diese Bäumchen mit kurzem Mist gedüngt, dieser Dünger muß jedoch sehr sorgsam eingebracht werden, da bei dieser Kultur sich die

Wurzeln nahe unter der Erdoberfläche ausgebreitet finden, aber durchaus nicht verletzt werden dürfen.

Die für unsere klimatischen Verhältnisse nützlichsten Zwerg= Kronenbäume sind:

Der Buschbaum=Obststrauch.

Unter Buschbäumen versteht man jene Obststräucher, bei welchen mehrere dicht verzweigte stärkere Aeste nahe über der Erde oder auch noch unter derselben aus dem Wurzelstock ent= springen und sich vermittelst einer sehr reichen Verzweigung nach und nach zu einem mehr oder weniger dichten Busch oder Strauch gestalten.

Zu der Anzucht dieser Obststräucher veredelt man die hierzu bestimmten Grundstämme so nahe wie möglich über dem Wurzel= stock derselben, das besonders bei den auf ihren eigenen Säm= lingen zu veredelten Obstsorten recht gut geschehen kann, andere Grundstämme etwas höher, und schneidet in dem ersten Jahre nach der Veredlung den Austrieb des Edelreises oder den des durch das Okuliren eingesetzten Auges auf 2 seiner untersten Augen zurück, zieht die aus diesen Knospen sich nun entwickeln= den Austriebe an eingeschlagenen Pfählen mehr in die Breite und heftet sie an diese an, wobei man dem Busch oder Strauch die für ihn bestimmte Ausdehnung zu geben sucht. Bei dem nun folgenden Winterschnitt in dem Frühling schneidet man diese jungen Austriebe auf je 2—3 ihrer untersten Augen zurück, um jüngere Seitenzweige zu gewinnen, mit welchen in der Folge die leeren Zwischenräume des Strauches ausgefüllt werden kön= nen. Diese Seitenzweige werden bei dem, in dem kommenden Frühling wiederholt vorzunehmenden Winterschnitt auf 2—3 ihrer unteren Augen eingekürzt und die während des Sommers aus diesen Augen kommenden Austriebe durch den Frühlings= und Sommerschnitt (s. Allg. Obstbaumschnitt. b) Frühlings=

und Sommerſchnitt) abgekneipt und eingekürzt, um dieſe nach
und nach zu Fruchtholz ꝛc. umzubilden, wobei die zu dicht
ſtehenden oder an unpaſſenden Stellen erſcheinenden Triebe
ausgelichtet werden.

Dieſer Winterſchnitt wird auch in den folgenden Jahren
ſchon zeitig in dem Frühling auf die gleiche Weiſe fortgeſetzt,
bis der Strauch die für ihn gewünſchte Ausbildung und Höhe
erreicht hat, ſodann beginnt man bei demſelben mit dem Schnitt
auf Fruchtbarkeit. Bei den Quitten= und Miſpel=Sträuchern
beſchränkt ſich dieſer Schnitt nur auf ein gehöriges Auslichten
des dürren und halbdürren Holzes, damit Luft, Licht und Wärme
auf alle Theile des Strauches einwirken können. Die Zweige
dieſer Bäume dürfen keinem Schnitt unterworfen werden, da
dieſe beiden, die Quitte und auch die Miſpel, ihre Fruchtknospen
nur an den Spitzen ihrer Zweige bringen und dieſe bei einem
vorzunehmenden Zweigſchnitt hinweg geſchnitten würden. Der
Schnitt der übrigen Kernobſtgattungen richtet ſich nach den in
dem Allg. Obſtbaumſchnitt angegebenen Regeln, und wie wir
dieſen am Schluſſe bei den einzelnen Obſtgattungen, dem Apfel=
und Birnenbaum ꝛc., angegeben haben. Die zu dem Steinobſt
gehörigen Obſtgattungen müſſen durch den Winterſchnitt ſtets
kräftig zurückgeſchnitten werden, um junges Holz zu gewinnen,
da dieſe nur an den einjährigen Zweigen fruchtbar ſind.

In dieſer Form als Strauch erzieht man die Quitten,
Miſpel, Oſtheimer=Weichſel, die großfrüchtigen Haſel=
nüſſe, die ſtrauchartige Wallnuß, Maul=, Johannis=
und Stachelbeeren, den Feigenbaum ꝛc. Aber auch die
übrigen Gattungen des Kern= und Steinobſtes: die Aepfel,
Birnen, Pflaumen, Sauerkirſchen ꝛc. ſind in dieſer ihrer
urſprünglichen Form überaus fruchtbar.

Der Pyramiden-Baum. Fig. 6.

Um einen nur sehr niedrigen, oder 1½—2 Fuß hohen glatten Stamm erhebt sich die oft ziemlich hohe pyramidenförmig gebildete Krone, deren Seitenzweige, in regelmäßigen Zwischen= räumen vertheilt, um den Stamm des Baumes stehen. Dieser Baum wächst besonders, auf seinen eigenen Sämlingen veredelt, oft zu einer sehr beträchtlichen Höhe heran, erfordert einen nur kleinen Raum und ist auf gutem Boden, in guter Lage und bei einer sorgfältigen Pflege überaus fruchtbar.

Zu der Anzucht dieser Pyramidenbäume wählt man sich von den, in dem vorigen Jahre veredelten Grundstämmen der ge= wünschten Obstsorten nur diejenigen, welche ganz gesund, mög= lichst stark und kräftig sind und deren Augen in mehr regel= mäßigen Zwischenräumen um den Edeltrieb vertheilt stehen, in= dem diese schon von Natur mit einem mehr regelmäßigen Wuchs begabten Obstsorten sich am besten zu der Anzucht dieser Bäume eignen.

In dem ersten Frühling nach der Veredlung nimmt man bei dem Winterschnitt alle Seitenzweige an dem Edeltrieb glatt hinweg und schneidet diesen auf 2—3 seiner untersten Augen zurück. Auf die gleiche Weise verfährt man bei dem Winter= schnitt in den folgenden Frühlingen, bis die gewünschte Stamm= höhe erreicht ist; sodann wird zu der Anzucht von Seitenzweigen geschritten, und um dies zu ermöglichen, der Herzstamm (Edel= trieb) auf 3—4 seiner untersten Augen eingekürzt, wodurch der= selbe gezwungen wird, 3 junge Seitentriebe und eine Verlänge= rung des Herzstammes (Leitzweig) zu bilden. Zu der Anzucht von weiteren Seitenzweigen schneidet man in den folgenden Jahren den Herzstamm auf die gleiche Weise zurück, doch stets nur über einem vollkommen ausgebildeten und kräftigen oberen Auge, um eine Verlängerung dieses Herzstammes ganz bestimmt zu erhalten, selbst wenn auch etwas höher geschnitten werden müßte. Die in dem vorigen Jahre durch den Winterschnitt er= zogenen jungen Seitenzweige werden bei diesem Schnitte auf

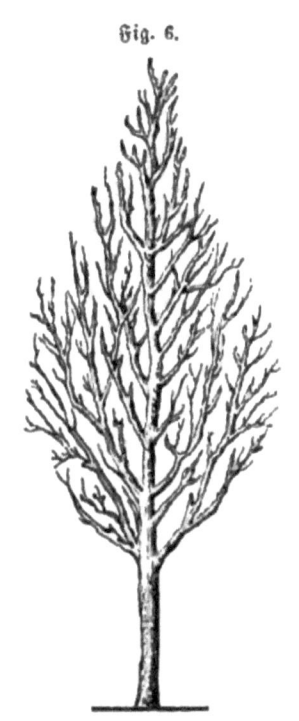

Fig. 6.

2—3 ihrer untersten, gegen den Stamm stehenden, über einem nach Außen sehenden, kräftigen Auge zu= rückgeschnitten, um diese nach und nach auf ihre bestimmte Länge anzu= ziehen; haben sie diese erreicht, so schneidet man sie über einem nach Oben gerichteten Auge, dessen Spitze dahin sieht, wo man den neuen Aus= trieb aus demselben hinlenken will.

Der Winterschnitt in den folgen= den Frühlingen wird im Allgemeinen auf die gleiche Weise unternommen, bis der Baum die für ihn gewünschte Höhe und Ausdehnung erreicht hat. An den in den vorigen Jahren er= zogenen unteren und stärkeren Seiten= zweigen werden sich aus den an ihnen stehen gebliebenen Augen, außer ihrer Verlängerung, neue kleine Seitentriebe gebildet haben, welche bei dem jedesmaligen darauf folgenden Winterschnitt einer sehr sorgfältigen Prüfung unter= stellt werden müssen. Alle für die Form dieser Bäume an un= passenden Stellen stehenden jüngeren Austriebe werden an ihrem Ursprung hinweg genommen, solche, welche beibehalten werden sollen, über einem nach Außen stehenden Auge über 2—3 Knospen zurückgeschnitten, andere in einer mehr unregelmäßig Richtung stehenden, schwächeren und stärkeren Seitenzweige, welche vermöge der guten Form dieser Bäume nicht entfernt oder zurück geschnitten werden können, müssen an den diesen Bäumen beizugebenden Stäben in der für sie gewünschten Rich=

tung befestigt und so lange in derselben angeheftet verbleiben, bis sie ein ganz regelmäßiges Wachsthum angenommen haben. Stärkere und jüngere Seitenzweige, welche in ihrem Wachsthum gegen die der anderen Seite des Baumes zurück sind, werden um 1—2 Augen kürzer wie diese zurück geschnitten; kurz, man hilft bei dem Winterschnitt schon zeitig, von dem ersten Jahre an und von unten auf, wo Hülfe nöthig ist, wozu wir das Erforderliche in dem Allg. Obstbaumschnitt: Winter=, Frühlings= und Sommerschnitt und am Schlusse bei den einzelnen Obst= gattungen angegeben haben. Es muß nämlich durch ein schon frühzeitiges Auslichten der zu dicht stehenden und durch Entspitzen oder Abkneipen der beibehaltenen jüngeren und schwächeren Aus= triebe schon von unten an für die Heranbildung des Frucht= holzes gesorgt werden. Bei einem zu raschen Wachsthum des Herzstammes des Haupttriebes neigt man denselben während des Sommers auf die Seite und heftet ihn bogenförmig ent= weder an sich selbst, oder an einen angeschlagenen Pfahl.

Für die Pyramidenform sind die Birnen am besten ge= eignet, sie bilden sehr schön geformte und sehr reichlich frucht= bare Bäume. Aepfel geben selten schöne Formen und dauern auch nicht sehr lange. In dem am Schlusse angegebenen Ver= zeichniß der in Frankreich besonders beliebten Obstsorten sind Aepfel=Varietäten aufgeführt, welche daselbst zu dieser Kultur häufig verwendet werden und bei unseren klimatischen Verhält= nissen sich sehr vorzüglich hierzu eignen dürften. Kirschen geben meistens schöne Pyramiden, vorausgesetzt, daß nicht Varietäten hierzu gewählt werden, welche sich durch einen mehr sparrigen Wuchs auszeichnen, wie die meisten Herz= und Süß= kirschen. Unter den Sauerkirschen ist die Ostheimer=Weichsel zu dieser Form besonders gut geeignet. Auch mehrere Varietäten der Pflaumen können zu reichlich fruchtbaren Pyramiden er= zogen werden, wenn man die Vorsicht gebraucht, die älteren

und nicht mehr tragbaren Seitenäste von Zeit zu Zeit auszu=
schneiden, wie dies auch bei den andern, in dieser Form erzo=
genen Steinobstgattungen geschehen muß.

Der Flügel=Pyramidenbaum.

Die Flügel=Pyramide unterscheidet sich von der Anzucht der
vorigen Form dadurch, daß zu ihrer Bildung von der künftigen
ganzen Höhe des Baumes, d. h. von einem an dem jungen
Bäumchen eingeschlagenen hohen Pfahl 5 in regelmäßigen
Zwischenräumen angespannten starken Eisendrähte auf die Erde
herablaufen und daselbst in einem Fünfecke an eingeschlagenen
kurzen Pflöcken befestigt werden. Ihre Anzucht ist von der
vorigen Pyramide nicht verschieden, die Seitenzweige werden
hier auf die gleiche Weise angezogen und sodann in jedem
Frühling durch den Winterschnitt eingekürzt, um eine Verlänge=
rung für diese und auf ihnen jüngere Austriebe zu gewinnen,
welche durch den Frühlings= und Sommerschnitt nach und nach
zu Fruchtholz umgebildet werden. Auf die gleiche Weise wird
der Schnitt bei allen Seitenzweigen auf die ganze Höhe des
Baumes ausgeführt; haben die Spitzen dieser Seitenzweige die
angespannten Eisendrähte erreicht, so werden diese Zweige in
einer etwas aufgebogenen Richtung mit ihren Spitzen in die
Höhe gerichtet, an diesen Eisendrähten befestigt und so lange in
derselben erhalten, bis diese Zweige in dieser Lage sich selbst zu
halten vermögen und stark und kräftig erwachsen sind.

Der Becher= oder Kesselbaum.

Zwergbäume, deren becher= oder vasenförmigen, aus 2—3
Aesten gebildeten, innen ausgehöhlten, außen sehr schön abge=
rundeten, nach Oben sich weit ausbreitenden Kronen auf einem
½—1 Fuß und auch noch höheren glatten Stamm ruhen.

Diese sehr fruchtbaren, eine Menge der vorzüglichsten Früchte tragenden Bäume werden immer seltener, indem sie vermöge ihrer hohen und mehr ausgebreiteten Kronen eines größeren Raumes bedürfen und auch vielen Schatten verursachen, wodurch die Kultur anderer Gewächse unter ihnen und auch ihre Pflanzung in kleineren Gärten unmöglich wird. Hochstämmig erzogen, wie man diese häufig in Frankreich angepflanzt findet, aber sind sie vermöge ihrer sehr reichen Fruchtbarkeit die empfehlenswerthesten Obstbäume.

Zu der Bildung dieser Bäume in Zwergformen wählt man sich starke, kräftige einjährige Veredlungen mit solchen Edeltrieben, welche nahe bei einander stehende Augen haben, und schneidet in dem ersten Jahre nach ihrer Veredlung alle Seitentriebe auf die gewünschte Stammhöhe glatt an dem Edeltrieb hinweg und kürzt hierauf auch diesen auf 3—4 seiner untersten Augen ein, je nachdem dieser Baum aus 3 oder 4 Aesten gebildet werden soll. Die Austriebe aus diesen Augen heftet man an einen, an dem Pfahl des Bäumchens angebundenen kleinen Reif, damit diese schon von Jugend an die zu der Bildung einer, nach Oben sich erweiterten, abgerundeten Krone erforderlichen Richtung annehmen. In dem folgenden Frühling schneidet man diese Seitenzweige auf je 2—3 ihrer untersten Augen zurück, um jüngere Seitentriebe und eine Verlängerung dieser Hauptäste zu gewinnen. Mit diesen jüngeren Seitentrieben, welche bei dem folgenden Winterschnitt auf 2—3 ihrer untersten Augen zurück geschnitten, werden sodann die leeren Zwischenräume dieser Hauptäste ausgefüllt und die aus ihren Augen kommenden schwächeren Austriebe durch den Frühlings= und Sommerschnitt entspitzt und nach und nach zu Fruchtholz umgebildet; andere zu der Bekleidung leerer Stellen beibehalten, in dieser Richtung angeheftet; die zu dicht stehenden ausgelichtet. Die sich nach einem jeden Winterschnitt bildenden Verlängerungen der Hauptäste heftet man nach ihrem fortschreitenden Wachsthum an einen etwas größeren und weiteren Reif, welcher, wie der erste, an dem Pfahl des Baumes befestigt wird. Auf die gleiche Weise verfährt man zu der Anzucht neuer Seitenzweige, jüngerer Austriebe und der Verlängerung dieser Hauptäste auch in den folgenden Frühlingen, wobei jedesmal ein etwas größerer Reif aufgebunden, damit die Krone nach Oben immer weiter und größer wird. Alle in die Krone einwärts wachsenden Zweige und jüngeren Austriebe werden bei dem Winterschnitt schon von unten an auf je 2 Augen zurück geschnitten und die aus diesen Augen kommenden jüngeren Triebe bei dem Frühlings = und Sommerschnitt theils entspitzt oder ausgelichtet, damit die Krone in ihrem Innern hohl und licht erzogen wird.

In dieser Zwergform, auf nur schwach treibenden Unter= lagen veredelt, können alle Varietäten der Aepfel, Birnen, Pflaumen, Kirschen erzogen werden. Diese Bäume sind besonders auf ihren eigenen Sämlingen veredelt und auf die gleiche Weise auf höheren Stämmen erzogen, ungemein fruchtbar und zu der Anpflanzung in Baumgärten, auf Aecker, Wiesen, besonders aber an Straßen und Wegen überhaupt überall da zu empfehlen, wo hochstämmige Obstbäume gepflanzt werden.

Der Zwerg=Kronenbaum.

Auf einem nur niedrigen, $\frac{1}{2}$—1 Fuß hohen glatten Stamm erhebt sich die auf die gleiche Weise wie bei den hochstämmigen Obstbäumen gebildete Krone. S. Anzucht hochstämmiger Obst= bäume.

In dieser Form erzieht man meistens nur schwach treibende Aepfel=Varietäten, auf dem Paradiesapfel, Pyrus Malus paradissica, veredelt; diese Bäume sind meistens nach drei Jahren fruchtbar. Auch die nur schwach treibenden Varietäten der Pflaumen, Sauerkirschen, Aprikosen und Pfirsiche können auf dieselbe Weise auf nur schwach treibenden Unter=

lagen veredelt, in dieser Form erzogen werden und bringen sehr reichliche Erträgnisse.

Der Säulenbaum, die Säulenform.

Um einen, auf der Erde gezogenen, 2—2½ Fuß im Durch-messer haltenden Kreis werden 5 schwache Holzstäbe senkrecht eingeschlagen, damit diese auf eine gleiche Höhe von 8—9 Fuß über der Erde zu stehen kommen und diese durch innen einge-nagelte Reife oder Holzstäbe mit einander befestigt. An ein solches Gerüste wird ein auf nur schwach treibender Unterlage mit einer nur schwach treibenden Obstsorte veredeltes Apfel-oder Birnen-Stämmchen 2c. gepflanzt, fleißig begossen und der einjährige Edeltrieb spiralförmig, in einem Winkel von 25° nach seinem fortschreitenden Wachsthum an diese Stäbe ange-heftet. In 6—7 Jahren hat das Edelreis, ohne beschnitten zu werden, die Höhe dieser Stäbe erreicht, die errichtete Säule voll-ständig bekleidet und eine Menge Fruchtholz gebildet. Jeden-falls ist es besser, wenn dieser Edeltrieb jeden Jahres bei dem Winterschnitt auf 3—4 seiner untersten Augen eingekürzt wird, um eine Verlängerung dieses Haupttriebes und 3 neue Seiten-zweige zu gewinnen, welche bei dem folgenden Winterschnitt wiederholt auf 2—3 Augen zurück geschnitten werden und deren jüngere Austriebe durch den Frühlingsschnitt entspitzt und zu Fruchtholz umgebildet werden. Man erhält dadurch eine weit schönere, dichtere und auch mehr fruchtbare Säule. Auf je 3—4 Fuß Entfernung kann eine solche Säule mit Stäben er-richtet und selbst auf einem nur kleinen Raum eine ziemliche Anzahl solcher Säulenbäume erzogen werden.

2). Spalier- oder Geländerbäume.

Zwergbäume, deren Aeste und Zweige in verschiedenen Rich-tungen ausgebreitet, an einem besonderen Geländer oder an einer Mauer 2c. angeheftet werden.

Zu der Anzucht dieser Spalierbäume bedarf man in der Regel eines Geländers, um die Aeste und Zweige dieser Bäume an dasselbe anheften zu können, und die Kosten für die Herstellung dieser Gerüste bilden noch meistens die Ursache, daß selbst in den besten Lagen, hauptsächlich aber an den Gebäuden, Hof= und Gartenmauern des Landwirths diese schönen und sehr fruchtbaren Bäume noch keine Stelle finden konnten, und doch lassen sich diese auf eine sehr einfache, billige und dauerhafte Weise schon dadurch herstellen, wenn man an den zu der Kultur dieser Bäume bestimmten Mauern und Gebäuden, auf je 5 Fuß Entfernung, aufrecht stehende Latten mit Mauerstiften befestigt und quer über diesen (in einer waagerechten Lage) durch die in diese Latten eingeschraubten Ringschrauben auf je eine Entfernung von 4—5 Zoll starke Eisendrähte gezogen, diese möglichst stark angespannt und an den beiden Endlatten befestigt werden. Für Birnen=, Kirschen=, Aprikosenbäume und den Weinstock kann die Entfernung dieser Drähte größer und diese auf ¾ Fuß gemacht werden. In Frankreich werden die meisten Spaliere ohne Geländer angezogen und die Aeste, Zweige und jüngere Austriebe dieser Bäume mit kleinen Tuchläppchen an die stets gut übertünchte weiße Mauer angenagelt. Werden da= selbst Geländer zu dieser Kultur verwendet, wie dies an frei stehenden Spalieren der Fall ist, so wird an dem Ende eines jeden Spalierdrahtes ein Spalierschloß angebracht, durch welches diese Drähte von Zeit zu Zeit fester angezogen und stärker angespannt werden können. Diese Spalierschlösser, wo= von das Stück etwa 8—9 Groschen kostet, sind in neuerer Zeit auch bei uns sehr beliebt und bei der Spalier= und Cordon= kultur häufig in Gebrauch.

Bei der Auswahl der für die Spalierbäume günsti= gen Stellen sehe man besonders darauf, daß nicht nahe an denselben Mistjauche oder das Wasser aus Rinnsteinen sich an= sammle, oder Unrath und dergleichen von oben aus den Fenstern geschüttet oder herabgegossen werde, nahe davor stehende höhere und schattenwerfende Gegenstände: Gebäude, Mauern, höhere Bäume, sowie die nahe bei diesen Stellen sich befindlichen Einfahrten, das Rückschlagen der Thürflügel und Laden sind gleichfalls sehr zu berücksichtigen. Man richte ferner ein sehr aufmerksames Auge auf die oberen Theile der Gebäude und Mauern, die Wassertraufen, Wetterbretter, Taubenschläge ꝛc., und sorge durch über diesen Bäumen in einer entsprechenden Höhe anzubringende Schutzdächer (s. oben), daß von denselben weder Wasser, Ziegelstücke, noch Unrath auf diese niederfalle.

Wird eine Pflanzung mit Spalierbäumen erstmals gemacht, so ziehe man die Lage und den an den Gebäuden, Mauern ꝛc. hierzu bestimmten Raum in Betracht, um einer jeden Obstgattung eine ihr günstige Stelle anzuweisen und schon im Voraus zu bestimmen, wie breit und hoch die verpflanzten Bäume ihre Aeste und Zweige ungehindert ausbreiten können. In milderen klimatischen Verhältnissen und einer guten und warmen Lage bestimmt man die südlich gelegenen Gebäude und Mauern zu der Anpflanzung von Pfirsichen, Aprikosen, frühen und mittelfrühen Weintrauben, Maulbeeren; die gegen Südost und Südwest gelegenen für die Aepfel, Birnen, Pflaumen, Kirschen und selbst gegen Norden können Aepfel, Birnen, Sauerkirschen und unter diesen besonders die Schatten-Amarelle mit Nutzen erzogen werden. Unter weniger günstigen klimatischen Verhältnissen oder einer mehr rauhen Lage, wo das Gedeihen des Pfirsichbaumes und des Weinstocks selbst in einer südlichen Lage nicht mehr gesichert ist, bepflanzt man diese mit Birnen, Aepfeln und Pflaumen, gegen Norden aber nur mit solchen Birnen-Varietäten, welche sich für eine solche Lage auch gut eignen, welche wir in dem am Schlusse beigegebenen Verzeichnisse aufgeführt haben. Die **Entfernung dieser Bäume** aber wird bestimmt von dem schwächeren oder stärkeren Wachsthum dieser Obstgattungen und ihrer Unterlagen, d. h. ihrer künftigen Größe und Ausdehnung, welche diese vollständig erwachsen erreichen, von der Bodenbeschaffenheit, von der Höhe der Mauern ꝛc. oder des an den Gebäuden hierzu bestimmten Raumes.

Bei einer Höhe von 8—9 Fuß pflanzt man die:

Aepfelbäume, in jeder Form erzogen, auf 15—18 Fuß.

Aprikosen=, Kirschen= und Pflaumenbäume, in gewöhnlicher Form erzogen, 18—24 Fuß. — Auf dem Herzstamm erzogen, 12—15 Fuß. — Auf gutem und kräftigem Boden, 16—18 Fuß.

Birnenbäume, auf dem Herzstamm erzogen, in mittelmäßigem Boden, 12—14 Fuß. — Auf gutem Boden, 15 bis 18 Fuß. — Gabelbäume mit 2 Aesten, $1^3/_4$ Fuß. — Diese mit 3 Aesten, $2^1/_2$ Fuß. — Diese mit 4 Aesten, $3^1/_2$ Fuß. — Diese mit 5 Aesten, $4^1/_2$ Fuß. — Diese mit 8 Aesten, 7 Fuß. — Schief erzogene Bäume, 2 Fuß.

Pfirsichbäume, nach der gewöhnlichen Fächerform, auf mittelmäßigem Boden, 20—22 Fuß. — Auf gutem und kräftigem Boden, 24 Fuß. — Auf dem Herzstamm erzogen, 18 bis 20 Fuß. — Gabelbäume mit 3 aufrechten Aesten, 5 Fuß. — Diese mit 5 Aesten, 8 Fuß. — Schief erzogene Pfirsichbäume $2—2^1/_2$ Fuß.

An hohen Mauern und Gebäuden pflanzt man in Mitte von zwei Spalierbäumen noch öfters einen hochstämmig in Candelaberform erzogenen Weinstock, welcher sodann mit seinen beiden Hauptästen waagerecht über den Spalieren hingezogen wird.

Eine längere Zeit, bevor zu der Anpflanzung der Spalierbäume geschritten wird, muß auch der Boden an diesen Stellen genau untersucht werden, denn nicht selten findet man nahe an den Gebäuden und Mauern die Erde mit den von dem Aufbau der Gebäuden ꝛc. noch herrührenden Bauschutt, größeren und kleineren Steinstücken vermengt. Ein solcher Boden taugt nicht für eine Baumpflanzung und muß auf die hierzu bestimmte

Länge, eine Breite von 3—4 und eine Tiefe von 2½—3 Fuß, ausgeworfen und mit einer guten, frischen und kräftigen, mit verrottetem Dünger, Laub, Bauschutt, Aschen, Straßenkoth ꝛc. vermengten Gartenerde angefüllt werden. Man bereitet sich eine zu diesem Zweck sehr dienliche Erde, welche mit der Hälfte Gartenerde vermengt wird, wenn man Rasenstücke verkehrt auf= setzt, diese schichtenweise mit Rinds=, Menschen= oder anderem Dünger, Laub, Ruß, Kalk, Aschen, Knochen, Straßenkoth, Ab= fällen aus Haus und Hof, kleineren todten Thieren ꝛc. vermengt und mit Gartenerde überdeckt. In diese Erdumhüllung sticht man von Zeit zu Zeit mit einem spitzen Pfahl tiefe Löcher, gießt in diese noch öfters Mistjauche, Blut, Seifen= und Spülig= wasser und arbeitet diesen Haufen während des Sommers öfters um.

In England werden die für die Pfirsichspaliere ausgeworfe= nen Erdgruben auf dem Boden und an den Seitenwänden mit Steinen ausgepflastert oder mit Brettern ausgelegt und ausge= füttert, wodurch für mehrere an eine Mauer zu pflanzenden Bäume ein länglicher Kasten gebildet wird, der die Wurzeln dieser Bäume nicht in die Tiefe und Breite vordringen läßt, und diese zwingt, sich mehr waagerecht unter der Erdoberfläche auszubreiten. Ein auf diese Weise gepflanzter Baum treibt nicht stark in Holz, ist leicht in einem geregelten Schnitt zu erhalten, dem Gummifluß weit weniger unterworfen und das spärliche Holz, das derselbe alljährlich erzeugt, ist reich mit Früchten behangen, vorausgesetzt, daß diesen Bäumen eine sehr sorgfältige Pflege durch ein reichliches Begießen und eine für sie geeignete Düngung zukommt.

Das Ausnehmen, Verpflanzen und auch die Aus= wahl der zu der Anzucht von Spalierbäumen bestimmten jungen Stämmchen geschieht auf dieselbe Weise, wie bei den übrigen Zwergbäumen (s. oben), nur ist hier besonders darauf zu achten, daß das zu verpflanzende Bäumchen 4—5 Zoll von der Mauer

abzustehen kommt, wodurch der Stamm durch sein vermehrtes
Wachsthum auch an Stärke gewinnen kann und daß man ihn
etwas schief nach oben, mit der Veredlungsstelle der Mauer
zugekehrt, einpflanzt, damit sich später seine Zweige leichter an
das Spalier ziehen lassen, und die Wurzeln desselben, mehr
nach rechts und links vertheilt, von dem Grund der Mauer
mehr entfernt gehalten und der guten Erde zugewiesen werden.
Die verpflanzten Bäume werden aber erst dann an die Spaliere
angeheftet, nachdem sich der Boden gehörig gesetzt hat.

Bei der Bildung der Spalierbäume ist besonders
darauf zu sehen, daß die verschiedenen Verästelungen derselben,
die Haupt= und Seitenzweige, Fruchttriebe, eine streng symme=
trische Stellung gegen einander einnehmen, an der Mauer oder
dem Gebäude möglichst gleichförmig vertheilt und hinsichtlich des
Saftzuflusses gleich begünstigt sind; es wird dadurch das Gleich=
gewicht des Wachsthums leichter überwacht und eine viel reichere
Fruchternte und längere Lebensdauer der Bäume erzielt. Dies
läßt sich bei der Erziehung der Spaliere am leichtesten dadurch
erreichen, wenn man schon im Voraus an der Mauer 2c. die
Stellen bezeichnet, welche die Haupt= und Seitenzweige ein=
nehmen sollen; man hat dadurch die Form, welche man dem
Baum geben will, beständig vor Augen, erkennt sogleich die
Augen, Schosse und Triebe, deren Entwickelung man zu be=
günstigen hat. Treibt ein Auge, dessen Austrieb zu einem neuen
Zweig bestimmt ist, nicht schon zeitig aus, so macht man einen
Einschnitt über demselben; bleibt es dennoch schlafend, so setzt
man an dessen Stelle durch das Okuliren ein neues kräftiges
Auge ein.

Soll ein Spalier beschnitten werden, so muß der Baum
von dem Geländer oder der Mauer zuerst losgetrennt und von
allem Unrath, den abgestorbenen Blättern, dem dürren und
alten Holz, der dürren schieferigen Rinde 2c. befreit werden.
Auch die Geländer und Mauern müssen von allem Unrath sehr

sorgfältig gereinigt, ausgebessert, die Ritzen und Oeffnungen der
Mauern mit Mörtel verstrichen, das Schadhafte übertüncht und
diese einen weißen Kalkanstrich erhalten. Man sieht sodann zu=
erst nach der Rinde des Baumes und schneidet, im Fall diese
beschädigt ist, die verletzten Stellen bis auf die gesunden Theile
aus und überstreicht diese Schnittwunden mit kaltflüssigem
Pfropfwachs. Bei dem Schnitt selbst richtet man sich haupt=
sächlich nach der Triebkraft des Baumes, wie wir dies oben
bei der Wahl der Unterlagen für die Veredlung der Zwerg=
bäume angegeben haben; bei schwachem Trieb muß kurz, bei
starkem Wachsthum länger geschnitten werden, denn ein früh=
zeitiges Altern, Kränklichkeit, Unfruchtbarkeit und ein verkrüppelter
Wuchs der Zwergbäume entsteht in den meisten Fällen nur
durch einen unrichtigen Schnitt und aus Mangel an einer ge=
hörigen Pflege. Sobald ein Zwergbaum zu sehr auf Frucht
geschnitten, ohne daß seine Triebkraft, Größe, Stärke, seine
Unterlage, Obstsorte sorgfältig berücksichtigt wird, so veraltet
ein solcher Baum in einer sehr kurzen Zeit, er wird immer
schwächlicher, kränklicher und stirbt durch die zuletzt nach und
nach eintretende Verholzung ab. Wünscht man seine Zwerg=
bäume in einer kräftigen Gesundheit und reichen Fruchtbarkeit
bis in ihr Alter zu erhalten, so müssen, sobald bemerkt wird,
daß die älteren und stärkeren Aeste eines solchen Baumes an
Fruchtbarkeit abnehmen und verholzen, diese durch eine Ver=
jüngung an einer gesunden Stelle abgenommen und die
Schnittwunden mit Pfropfwachs überstrichen werden. Aus den
jungen Austrieben, welche an den abgenommenen Stellen ent=
stehen, erzieht man sich sodann einen neuen Ast an, mit welchem
die Lücke des abgenommenen Astes ausgefüllt wird. Zu der
Zeit des Winterschnittes müssen auch die Spitzen der Haupt=
und Seitenzweige der Spalierbäume auf 4—6 Augen unter
dem Punkt, den sie nicht überschreiten dürfen, zurück geschnitten
werden, um den nöthigen Raum für das Wachsthum dieser

Endtriebe zu erhalten. Das Wachsen dieser Endtriebe ist noth=
wendig, um den Zweigen eine hinreichende Menge Saft zuzu=
führen, sie ihrer ganzen Länge nach in einer gehörigen Stärke
zu erhalten und eine Menge kräftiger Fruchttriebe zu ge=
winnen.

Die Zwergbäume stehen in der Regel in dem bebauten
Gartenland, das mit dem Beginn des Frühlings und auch
während des Sommers öfters umgegraben und bearbeitet, wo=
durch auch die Erde unter diesen Bäumen mit aufgelockert wird.
Geschieht nun dieses Letztere nicht sehr vorsichtig, so werden die
nach oben liegenden Wurzeln dieser Bäume nicht nur losgerissen
und bloß gelegt, sondern selbst auch einige von ihnen zerrissen,
abgestochen und zerquetscht, das an dem gehemmten Wachsthum
dieser Bäume, ihren gelblichen und kränklichen Blättern und
dem schon frühzeitigen Abfallen ihrer Blüthen und Früchte leicht
zu erkennen ist. Das beste Mittel, um diese kränklichen Bäume
wieder zu heilen, besteht darin: daß man die Erde über dem
Wurzelstock sehr sorgfältig hinweg nimmt, die beschädigten
Wurzeln bis auf ihre gesunden Theile ausschneidet, die Schnitt=
wunden mit Pfropfwachs bestreicht und frische, kräftige Garten=
erde auf den Wurzelstock dieser Bäume ausbreitet. Nahe um
die Zwergbäume sollte die Erde mit Schaufel und Haue nicht
bearbeitet werden. Das wenige Unkraut, welches in der Regel
unter gut erzogenen Zwergbäumen wächst, welche während des
Frühlings und Sommers so oft besucht und durchgesehen wer=
den müssen, läßt sich von Zeit zu Zeit leicht mit der Hand
ausnehmen und die Erde unter diesen Bäumen mit einem zwei=
zackigen Karsten oder einem zugespitzten Holz auflockern. Diese
Bäume erfordern während des Frühlings und Sommers außer
dem durch den Frühlings = und Sommerschnitt vorzunehmenden
Entspitzen, Ausbrechen und Anheften auch eine sehr sorgfältige
Pflege durch ein fleißiges Begießen, das besonders bei einer
mehr trockenen Witterung während der Blüthe und dem Ansetzen

der Früchte öfters vorgenommen werden muß. Begießt man diese Bäume in die mit einem spitzen Pfahl in die Erde gemachten tieferen Löcher, so sollten mit der Brause der Gießkanne von Zeit zu Zeit, doch nicht während der Blüthe, auch ihre Aeste, Zweige und Blätter übergossen, da sie hierdurch von Staub und anderem Unrath befreit, sehr erfrischt und gestärkt werden. Dies ist besonders bei solchen Spalierbäumen zu beachten, welche vermöge eines mehr beschränkten Standortes, nahe an Mauern und Gebäuden, eine Erfrischung durch Regen entbehren, welche auf andere in dem offenen Gartengrund stehenden Bäume und Sträucher ꝛc. so sehr wohlthätig einwirkt.

Die größte Aufmerksamkeit erfordern die Spalierbäume in dem Frühling, Herbst und Winter, besonders aber zu der Zeit ihrer Blüthe; denn kalte Winde, Reif, ein frühzeitig oder noch spät eintretender Frost verursachen oft großen Schaden, gegen welchen diese Bäume durch angebrachte Schutzdächer, wie diese in Frankreich gebräuchlich sind (s. oben), Vorhänge von Bast- und Strohdecken, Tüchern ꝛc. rechtzeitig geschützt werden müssen. Werden die Spalierbäume über Winter mit Stroh und alten Strohdecken überbunden oder mit Fichtenreisig übersteckt, so soll dies nicht zu frühe, bevor der Boden leicht gefroren ist, auch nicht zu dicht und nicht zu fest geschehen, und diese Decken in dem Frühling erst zu der Zeit wieder entfernt werden, wenn keine Nachtfröste mehr zu befürchten sind. Zu dieser Zeit wird auch mit der Düngung der Zwergbäume begonnen. Düngt man diese mit altem, zerrottetem Rindsdünger, so verbreitet man diesen in einem größeren Umkreise und ziemlich dicht über dem Wurzelstock der Bäume, und sucht diesen bei der nachfolgenden Auflockerung des Bodens in die Erde unterzubringen. Da, wo gute, alte mit Wasser vermengte Mistjauche zu der Düngung verwendet wird, sticht man in einem größeren Umkreise um die Bäume mit einem spitzen Pfahl mehrere Löcher in die Erde, gießt mit einer Gießkanne diesen Dünger in diese ein

und bedeckt diese Löcher wieder mit Erde. Nach einem Zeitraum
von 4—5 Jahren nimmt man die obere Erde in einem größeren Umkreise um die Zwergbäume bis auf ihre oberen Wurzeln
hinweg und ersetzt diese durch eine frische, gute, kräftige Gartenerde, welche mit alter Mistbeet- und Düngererde oder verrottetem
Rindsdünger gut vermengt wird.

Der horizontale Cordon. Fig. 7.

Zwergbäume mit einem oder zwei Fruchtästen, welche gleich
einer Guirlande Ast an Ast, horizontal über ein sehr niedriges
Geländer gezogen werden. Vermöge ihrer sehr niedrigen waag-
rechten Form, in welcher sie ununterbrochen ganze Gartenbeete
umschließen, nennt man sie auch liegende, Einfassungs-
oder Cordon-Bäumchen.

An den Stellen, auf welchen diese Bäumchen erzogen werden sollen, errichtet man sich ein 1½—2 Fuß hohes Draht-
spalier durch mehrere gleich hoch eingeschlagene stärkere Holzstäbe, zieht über diesen starken Eisendraht oder eine Drahtschnur,
welche an ihren beiden Enden nach rechts und links an dem
Ring oder Haken eines niedrigen, in die Erde eingeschlagenen
Pflockes oder eines daselbst eingegrabenen größeren Steins befestigt und mit einem Spalierschloß fest angespannt werden
kann. Einen zweiten Draht zieht man auf 1 Fuß Höhe auf
die ganze Länge an diesen Stäben, derselbe dient dazu, die gepflanzten Stämmchen in einer gleichen Richtung zu erhalten.

Zu der Anzucht eines Apfel-Cordons wählt man sich
einjährige Veredlungen schwach treibender Aepfel-Varietäten, auf
dem Paradiesapfel, Pyrus Malus paradissica veredelt, und
pflanzt diese, daß die Veredlungsstellen noch über der Erde zu
stehen kommen, auf eine Entfernung von 3—4 Fuß an das
Spalier, biegt die Edeltriebe derselben, alle nach einer Richtung
geneigt, in der Höhe des Drahtes um, schneidet diese auf 2—3

ihrer untersten Augen zurück und heftet diese, sowie die aus den=
selben auswachsenden Verlängerungstriebe nach ihrem fortschrei=
tenden Wachsthum sehr vorsichtig an den Draht 2c. Die jünge=
ren Austriebe aus den, diesen Edeltrieben bei dem Schnitt ver=
bliebenen Augen werden später auf etwa 2 Augen zurück ge=
schnitten und später durch das Entspitzen zu Fruchtholz umge=
bildet. In dem zweiten Frühling schneidet man diese Verlänge=
rungstriebe wiederholt auf 2—3 Augen zurück und verfährt
auch in der Folge auf die gleiche Weise wie in dem vorigen
Jahre, bis der Haupttrieb eines Stämmchens bei dem zunächst
stehenden Bäumchen angelangt ist, wo er sodann durch das
Ablacktieren an dessen Biegungsstelle mit diesem verbunden
wird.

Erzieht man diese Bäumchen mit zwei Fruchtästen, zwei=
armig, so wird der Edeltrieb in dem zweiten Frühling nach der
Veredlung und Pflanzung auf 2 seiner unteren, dem oberen
Eisendraht zunächst stehenden Augen zurück und alle unter diesen
befindlichen oder später erscheinenden Augen und Austriebe glatt
an dem Stämmchen hinweg geschnitten. Je mehr diese Augen,
über welchen geschnitten wird, in einer gleichen Höhe mit dem
Eisendraht stehen, desto schöner werden die Bäumchen, in dem
Uebrigen aber wird genau nach der Angabe der Anzucht des
einarmigen Cordons verfahren. An der Stelle, wo sich die
Spitzen dieser Bäumchen berühren, werden diese noch öfters
durch das Ablacktieren mit einander verbunden. In Frankreich
läßt man die Enden der zweiarmigen Cordons nie mehr durch
ein solches künstliches Verfahren mit einander verwachsen, sondern
man schiebt diese, wenn sie sich zuletzt mehr verlängern als
nöthig ist, über einander und bindet sie an dem Draht gemein=
schaftlich an. In neuerer Zeit ist dieser zweiarmige Cordon
daselbst nicht mehr beliebt, da der in zwei Armen (Theilen) er=
zogene Stamm nicht so reichlich trägt, als wenn nur ein Arm
zu ernähren ist; eine Seite oft schwächer bleibt wie die andere

und daß, wenn ein nur einarmiges Bäumchen abstirbt, keine so große Lücke in der Reihe entsteht, und daher seine Stelle leicht wieder ersetzt werden kann.

Fig. 7.

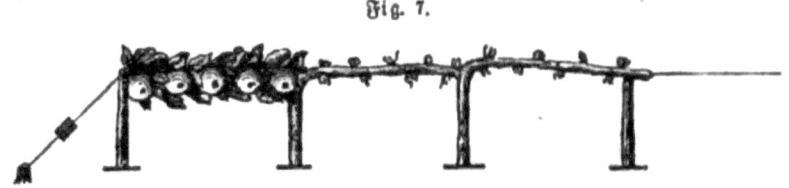

An diesen Cordonbäumchen müssen schon frühzeitig in dem Frühling, bevor diese auszutreiben beginnen, alle Bänder aufgelöst, die Bäumchen von allen Seiten sehr sorgfältig gereinigt, die Bänder (Bast, Bleiplättchen) entweder ganz erneuert oder die schon gebrauchten gereinigt werden, indem gerade unter solchen Bändern sich die Eier schädlicher Insekten befinden oder deren Raupen und Puppen Schutz suchen und hier überwintern. Die Bäumchen werden sodann, ohne ihre Richtung zu verändern, wieder angebunden.

Zu diesen Cordonbäumchen eignen sich alle Kernobstsorten, Aepfel und Birnen, besonders aber die Aepfel ausnahmsweise gut. Von dem Steinobst die Pfirsiche und Sauerkirschen ꝛc., sie tragen reichlich, meistens schon nach 3 Jahren, die Früchte reifen früher wie auf anderen Bäumen; man gewinnt von ihnen auch stets sehr schöne und große Früchte, und da diese Bäume eines nur wenig tiefen, guten Bodens und einen nur sehr kleinen Raum bedürfen, so können selbst auf nur schmalen Gartenbeeten zwei bis drei Reihen dieser Cordonbäumchen erzogen oder diese als eine Einfassung um andere Beete angepflanzt werden. Diese Obstkultur läßt sich in einem jeden Garten mit einem sehr günstigen Erfolg durchführen, sie ist für die kleineren wie größeren Gärten auch eine wahre Zierde; diese Bäumchen gewähren in ihrer Blüthenpracht in dem Frühling und später, sehr reich mit Früchten behangen, einen

sehr reizenden Anblick, sind leicht vor Früh- und Spätfrösten
und den Reisen zu schützen, das auch sehr sorgfältig geschehen
muß, denn ohne Schutz einer sehr sorgfältigen Behandlung und
ausgezeichneten Reinlichkeit gedeihen diese Obstbäumchen nicht.

Der schiefe Cordon. Schief erzogene Pfirsichbäume.
Fig. 8.

Wünscht man eine Mauer möglichst schnell durch ein Pfirsich-
spalier zu decken, so kann dies sehr leicht durch den schiefen
Cordon geschehen, indem kein anderes Spalier in Bezug auf
schnelles Wachsthum in einer solchen Zeit den ihm zugewiesenen
Raum ausfüllt. Vermittelst dieser Form kann schon in 5 bis
6 Jahren an einer Mauer von etwa 12 Fuß Höhe ein voll-
ständiges Spalier erzogen werden.

Zu seiner Anzucht werden die Bäumchen, gesunde, kräftige
einjährige Veredlungen, in einer Entfernung von 2½ Fuß aus
einander gepflanzt und die Edeltriebe derselben in einer Richtung von 45° nach einer Seite hingeneigt, angeheftet. Diese
Bäumchen werden senkrecht gepflanzt, ein jedes derselben bildet
nur einen Stamm ohne Seitenzweige und treibt von unten bis
oben nur Fruchttriebe, welche durch das in einem jeden Frühling
durch den Winterschnitt auszuführende Zurückschneiden des Edeltriebes auf die Hälfte seiner Länge über einem oberen Auge
hervorgerufen werden, wobei durch den Austrieb des letzten oben
stehenden Auges auch zugleich eine Verlängerung für das
Stämmchen gewonnen wird. Um eine Mauer vollständig zu
decken und auch die Winkel von dem Anfang bis zum Ende
des Spaliers auszufüllen, kann man an dem Stamm des ersten
Bäumchens zur linken und an dem des ersten Bäumchens zur
rechten Seite einige Seitenzweige sich entwickeln lassen, welche
auf die gleiche Weise wie die Seitenzweige anderer Spalierformen durch den Schnitt angezogen werden.

Diese Spalierform wird meistens nur bei dem Pfirsich=
baum angewendet, welcher sodann dem gleichen Schnitt und

Fig. 8.

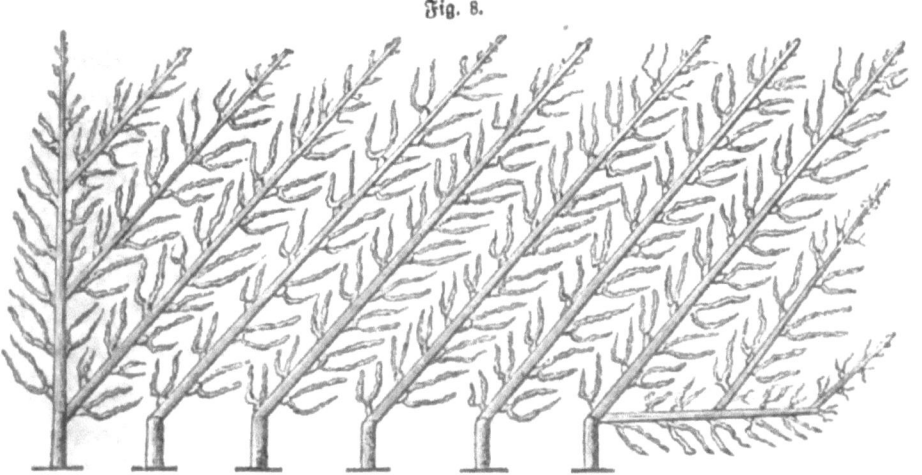

einer gleichen sorgfältigen Pflege unterstellt wird, wie die übrigen
Pfirsichspaliere. Die Bäumchen anderer Obstsorten müßten bei
dieser Pflanzung viel näher zusammen gerückt werden, wobei
das Wachsthum ihrer Wurzeln beeinträchtigt würde.

Der einfache Herzstamm. Fig. 9.

Spalierbäume mit einem höheren aufrechten Stamm, von
welchem zu den beiden, der rechten und linken Seite des
Spaliers gleich weit von einander entfernt stehende stärkere
Seitenzweige, reichlich mit Fruchtholz besetzt, hinauslaufen.

Zu ihrer Anzucht wählt man sich gesunde, kräftige einjährig
veredelte Stämmchen der hierzu tauglichen Obstsorten, schneidet
in dem ersten Jahre bei ihrem Verpflanzen alle unteren Seiten=
zweige an dem Edeltrieb des Stämmchens bis auf die ge=
wünschte Stammhöhe glatt hinweg und kürzt auch diesen über
3 seiner untersten und kräftigsten Augen ein. Die beiden nun

erscheinenden Austriebe aus den 2 untersten Augen bilden so=
dann die ersten und untersten Seitenzweige (Fig. 10a), welche,
um ein mehr stärkeres Wachsthum bei ihnen zu befördern, mehr
schief in die Höhe gerichtet, in Form einer nach oben weit ge=
öffneten römischen Zahl V an das Spalier angeheftet werden;
den aus dem oberen Auge kommenden Austrieb des Edelreises
aber heftet man in einer senkrechten Richtung an dem Spaliere
an. Entwickeln diese beiden Seitenzweige ein gleiches kräftiges
Wachsthum, so machen diese während des Sommers keine weitere
Arbeit nöthig; bleibt aber einer derselben in seinem Wachsthum
gegen den andern zurück, so muß dieser mehr senkrecht, der
stärkere Zweig aber mehr waagerecht geneigt, angeheftet werden
und beide so lange in dieser Richtung verbleiben, bis diese ein
mehr gleichförmiges Wachsthum angenommen und eine gleiche
Stärke erreicht haben. S. Allg. Obstbaumschnitt. a) Winter=
schnitt.

In dem folgenden Frühling verfährt man bei dem Schnitt
des Bäumchens, durch das Zurückschneiden der Verlängerung
des senkrechten Haupttriebes auf 3 seiner unteren und kräftigen
Augen, um 2 neue Seitenzweige b und eine Verlängerung des
Haupttriebes zu gewinnen, im Allgemeinen auf die früher an=
gegebene Weise. Dieser Schnitt an diesem senkrechten Haupt=
trieb muß über einem kräftig ausgebildeten Auge und so hoch
geführt werden, daß die jetzt zu erziehenden zweiten Seiten=
zweige, die sogenannte zweite Etage des Baumes für die in
dieser Form zu erziehenden Aepfel= und Birnenbäume etwa 7,
für die Pfirsiche und andere Steinobstgattungen 15 Zoll von
einander zu stehen kommen, damit später die mehr längeren
Fruchtzweige dieser letzteren in den leeren Zwischenräumen dieser
Seitenzweige auch den für sie erforderlichen Raum erhalten, um
sie ordnungsmäßig anheften zu können. Nach dem Schnitt von
7 oder 15 Zoll Höhe werden an dem senkrechten Haupttrieb in
den Zwischenräumen über den unteren schon erzogenen Seiten=

zweigen bis zu den oberen noch stehen gebliebenen Augen aus deren Austrieben die zweiten Seitenzweige, und eine neue Ver=
längerung angezogen werden soll, auch noch andere Augen ver=
blieben sein, welche nicht austreiben dürfen und mit den Fingern

Fig. 9.

Fig. 10.

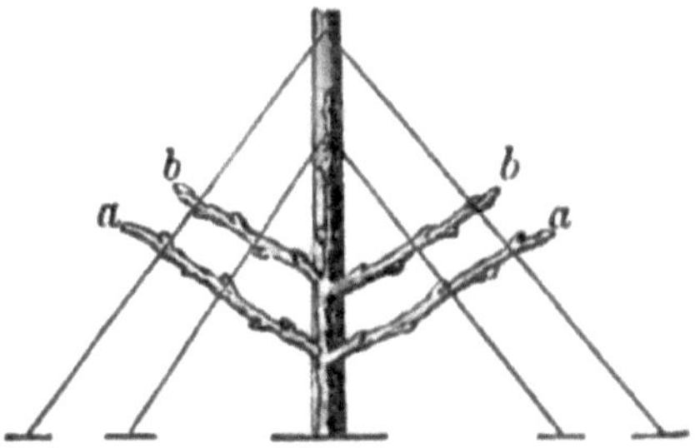

abgedrückt werden müssen. Zu der gleichen Zeit werden auch die 2 unteren, in dem vorigen Jahre erzogenen Seitenzweige auf den dritten Theil, bei einem mehr stärkeren Wachsthum auf die Hälfte ihrer Länge zurück geschnitten, wodurch sich aus den, diesen Seitenzweigen noch verbleibenden Augen jüngere Aus=
triebe entwickeln, welche durch ein später vorzunehmendes Ein=

6*

kürzen und Entspitzen zu Fruchtholz umgebildet werden, während aus dem letzten und äußersten Auge eines jeden Seitenzweiges eine Verlängerung für diese angezogen wird, das auch in den folgenden Jahren so lange fortgesetzt werden muß, bis diese Zweige ihre bestimmte Länge erreicht haben und reichlich mit Fruchtholz versehen sind. Dieser Schnitt an diesen beiden Seitenzweigen erfordert indeß viele Sorgfalt, damit diese weder zu lang, noch zu kurz geschnitten werden. Schneidet man diese mehr lang, so werden sich öfters nicht alle Augen des Zweig= stückes entwickeln und dasselbe stellenweise kahl bleiben; bei einem mehr kurzen Schnitt aber würden diese wenigen Augen zu kräftig austreiben, das nur wieder auf Kosten des Frucht= holzes geschieht. Während des Sommers werden die aus den 2 oberen Augen kommenden beiden Seitenzweige nach rechts und links in der schon beschriebenen Form an das Spalier ge= heftet und bei einem mehr unregelmäßigen Wachsthum auf die gleiche Weise nachgeholfen, wie wir dies bei dem Schnitt des vorigen Jahres befolgten, während die austreibende Verlänge= rung des Haupttriebes in ihrer senkrechten Stellung verbleibt.

In den folgenden Jahren wird die Erziehung von 2 neuen Seitenzweigen und eine Verlängerung des Haupttriebes auf die gleiche Weise fortgesetzt, und mit derselben so lange fortgefahren, bis der Baum seine ganze Höhe und Ausdehnung erreicht hat, wobei die älteren, in den früheren Jahren schon erzogenen unteren Seitenzweige, welche jetzt schon ziemlich erstarkt sind und eine größere Ausdehnung erreicht haben, mehr zurück, in einer mehr waagerechten Richtung, etwas schief nach oben, an dem Spaliere niedergebunden werden, bis man sie später und so auch die übrigen Seitenzweige nach der in Fig. 9 gezeichneten Richtung an dem Spaliere anheftet.

In dieser und auch in der folgenden Form erzieht man die Aepfel= und Birnenbäume, die Aepfelbäume meistens an frei stehenden und Gegenspalieren, und auch die Pfirsich= und

Pflaumenbäume ꝛc., über deren Schnitt auf Fruchtbarkeit und ihrer weiteren Pflege wir das Nähere am Schluß der Spaliere, bei den einzelnen Obstgattungen angegeben haben. Fig. 9 zeigt einen in dieser Form gebildeten Pfirsichbaum.

Der doppelte Herzstamm. Fig. 11.

Diese Spalierform unterscheidet sich von der vorigen dadurch, daß auf einem gleich niedrigen und glatten Stamm zwei senk= recht erzogene Hauptäste sich erheben, von welchen zu den beiden Seiten die Seitenzweige mit Fruchtholz in einer gleichen Ent= fernung abstehen.

Zu der Erziehung dieses Spaliers wählt man ein gesundes und kräftiges Stämmchen einjähriger Veredlung, das unten über der gewünschten Stammhöhe 2 einander ziemlich gegenüber stehende Augen hat und schneidet den Edeltrieb desselben über diesen beiden Augen ab. Die aus diesen Augen kommenden beiden Austriebe heftet man während des Sommers, in gleichen Abständen von einander entfernt, in Form einer nach oben weit geöffneten römischen Zahl V, nach unten in einem kleineren Halbkreise aus einander gebogen, an das Spalier. Ueberwächst einer dieser Hauptäste den andern und gewinnt mehr an Stärke, so suche man, wie erwähnt, das stärkere Wachsthum desselben durch ein mehr waagerechtes Anheften an das Spalier zu mäßigen, während der mehr schwächere Zweig eine mehr senk= rechte Stellung erhält und in derselben auch so lange zu ver= bleiben hat, bis diese beiden Hauptäste ein möglichst gleich= förmiges Wachsthum angenommen und eine gleiche Stärke er= reicht haben. Es ist bei der Erziehung dieser Spaliere hierauf besonders zu achten, indem später dadurch auch die nach rechts oder links zu erziehenden Seitenzweige stärker oder schwächer sich ausbilden und die Seiten des Baumes ungleich würden.

Mit dem Winterschnitt in dem folgenden Frühling werden

diese beiden, in dem vorigen Jahre erzogenen, in Form einer nach oben weit geöffneten römischen Zahl V, an dem Spalier angehefteten Hauptzweige und künftigen Hauptäste des Baumes zu der Gewinnung von Seitenzweigen, welche das Spalier mit Fruchtholz versehen sollen, auf je 2 ihrer untersten und kräftigsten Augen zurück geschnitten, um auf einer jeden Seite des Spaliers einen neuen Seitenzweig und eine Verlängerung des Haupt= zweiges zu erhalten, wie wir dies bei der Erziehung des ein= fachen Herzstammes befolgten. Man erhält so von Jahr zu Jahr 2 neue Seitenzweige oder an einer jeden Seite eine neue Etage des Baumes, je nach den betreffenden Obstgattungen, von der Höhe von 7 oder 15 Zoll, wie wir dies bei dem vorigen Spalier angegeben haben, und auch der nachfolgende Schnitt dieser Seitenzweige ist von dem des vorigen Spaliers nicht ver= schieden, bis der Baum seine vollständige Höhe erreicht hat und sodann in Form von Fig. 11 an dem Spalier angeheftet wird.

Auf dem doppelten Herzstamm erzieht man Birnen=, Aepfel=, Pfirsich=, Pflaumen= und andere Obstbäume. Hauptsache bei dieser und der vorigen Form ist, daß die später

Fig. 11.

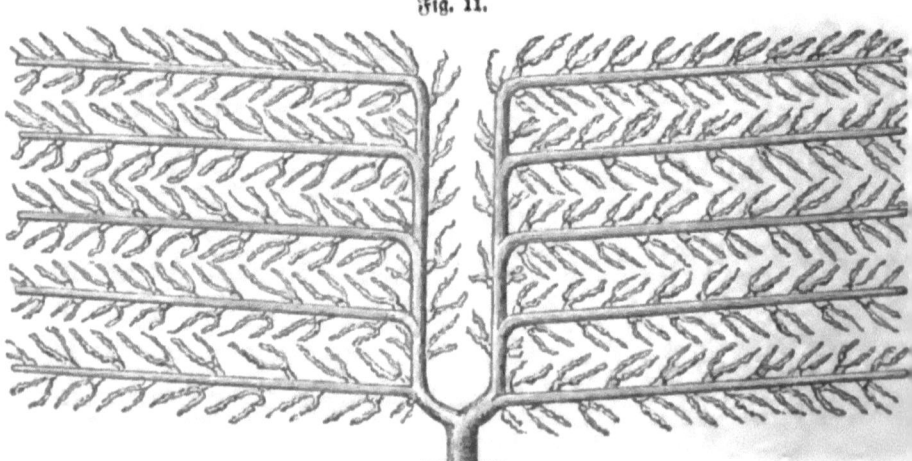

mehr waagerecht anzuheftenden Seitenzweige schon von unten an möglichst stark mit Fruchtholz besetzt sind, das nur kurz gehalten wird. Fig. 11 zeigt einen in dieser Form gebildeten Pfirsichbaum.

Der gebogene einfache und doppelte Herzstamm

unterscheidet sich von dem oben beschriebenen einfachen und doppelten Herzstamm nur dadurch, daß die stärkeren und senk= rechten Hauptäste, an welchen die Seitenzweige mit Fruchtholz sich befinden, wellenförmig gebogen, erzogen sind und daß die äußere Ausbiegung dieser Hauptäste sich stets an der Stelle befindet, wo ein neuer Seitenzweig entspringt.

Der Gabelbaum mit 2 Aesten. Kleiner Gabelbaum. Das einfache U. Fig. 12.

Auf einem nur kurzen glatten Stamm erheben sich, in einer kleineren oder größeren Entfernung von einander gehalten, zwei senkrechte Hauptäste, welche von unten bis oben an sehr reichlich mit Fruchtholz besetzt sind.

Zu der Anzucht dieses kleinen Spaliers wählt man sich ein kräftiges, einjährig veredeltes Stämmchen, das unten über der gewünschten Stammhöhe 2 kräftige und vollkommen ausgebildete, einander gegenüber stehende Augen hat, schneidet bei dem Ver= pflanzen den Edeltrieb desselben über diesen beiden Augen zurück und heftet die aus diesen Augen kommenden Austriebe auf die gleiche Weise, wie wir dies bei der Anzucht der beiden Haupt= äste des doppelten Herzstammes erklärten, bei dem Kernobst gegen 7 bis 8, dem Steinobst, den Pfirsichen und Aprikosen 15 Zoll nach unten halbkreisförmig aus einander gebogen, an das Spalier. Bei einem möglichst gleichförmigen Wachsthum können diese beiden Hauptäste während des ganzen Sommers

in ihrer Stellung an dem Spalier verbleiben; sobald aber einer
derselben in dem Wachsthum gegen den andern zurück ist, so
muß das bei den früheren Spalieren angegebene Mittel: das
Herabneigen und Aufrichten dieser Zweige, schon zeitig in An=
wendung kommen, bis diese beiden ein möglichst gleichförmiges
Wachsthum angenommen und eine gleiche Stärke erreicht haben.

In dem folgenden Frühling schneidet man durch den Winter=
schnitt diese beiden Hauptäste und zwar die der Kernobstbäume
auf den dritten Theil, die des Stein=
obstes auf die Hälfte ihrer Länge
über einem kräftig ausgebildeten Auge
zurück, damit sich aus den unteren
noch stehen gebliebenen Knospen jün=
gere Austriebe, das Fruchtholz ent=
wickele; aus den Austrieben der letzten
und oberen Augen aber wird eine
Verlängerung für diese beiden Haupt=
äste herangezogen. Der gleiche Schnitt
wird auch in den folgenden Jahren
fortgesetzt, bis diese Bäume die für
sie gewünschte Höhe und Ausbildung
erreicht haben.

In dieser und in den folgenden
Gabelformen erzieht man Aepfel=,
Birnen=, Pfirsich= und Apri=
kosenbäume 2c. Fig. 12 zeigt einen
in dieser Form erzogenen Pfirsichbaum. Das Entspitzen der
jüngeren Seitentriebe und andere hierauf Bezug habende Ver=
richtungen haben wir unten bei den betreffenden Obstgattungen
angegeben.

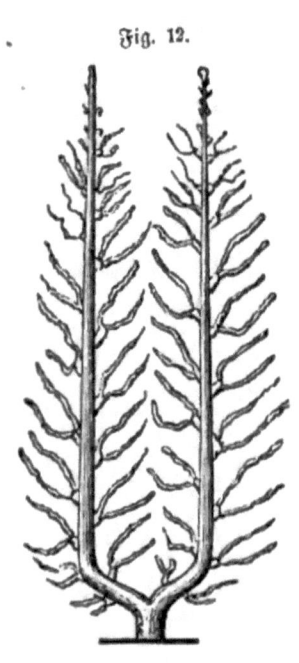

Fig. 12.

Der Gabelbaum mit 4 Aeften oder das doppelte U.
Fig. 13.

Diefes Spalier ift von dem Vorigen dadurch verfchieden, daß fich auf einem gleich niedrigen und glatten Stamm vier fenkrechte Hauptäfte mit Fruchtholz erheben.

Die bei diefem Spalier zuerft erforderliche Anzucht der mittleren 2 aufrechten Hauptäfte, welche, gleichwie bei dem vorigen Gabelbaum, zuerft in Form einer nach unten halbkreis= förmigen, nach oben weit geöffneten römifchen Zahl V an dem Spalier angeheftet und erft dann, nachdem diefe ein möglichft gleichförmiges Wachsthum angenommen und eine gleiche Stärke erreicht haben, nach. oben mehr fenkrecht nachgebunden werden, haben wir bei der vorigen Form erklärt, weßhalb wir hier mit dem Schnitt des zweiten Jahres beginnen.

Sobald diefe beiden Hauptäfte gleich ftark und kräftig er=

Fig. 13.

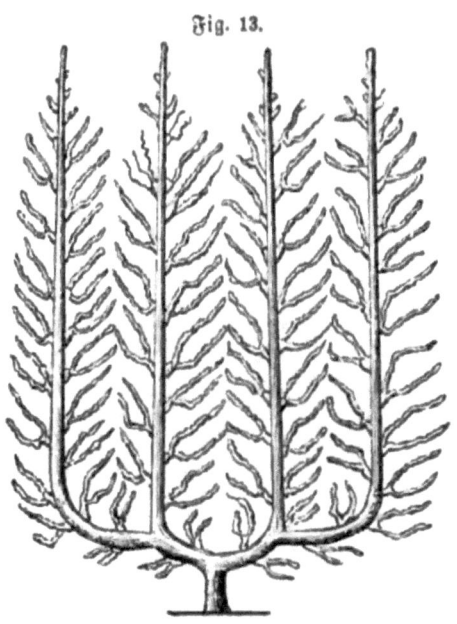

wachsen sind, schneidet man einen jeden derselben über der Bie=
gungsstelle des durch sie formirten kleineren Halbkreises über 2,
einem nach außen und einem nach oben stehenden kräftigen Auge
zurück, um aus den ersten und untersten Augen je einen stärkeren
Seitenzweig und kräftigen Hauptast, aus den oberen Augen aber
je einen Verlängerungstrieb für diese beiden Hauptäste zu er=
halten. Diese 4 Austriebe werden nach ihrem fortschreitenden
Wachsthum während des ganzen Sommers, und zwar die beiden
inneren mehr schief, nach Oben aus einander gebogen, die bei=
den äußeren Austriebe nach unten in kleineren Halbkreisen, ihre
Spitzen mehr schief nach Oben geneigt, an dem Spalier nach=
gebunden, welche sodann in dem nächsten Frühling, nachdem sie
möglichst gleichförmig erwachsen sind, zu einer Erziehung von
jüngeren, zu Fruchtholz dienlichen Austrieben auf die gleiche
Weise, die äußeren 2 Hauptäste etwas länger zurück geschnitten
werden müssen, wie wir dies bei den beiden Hauptästen des
Gabelbaumes mit zwei Aesten angegeben haben.

Der Gabelbaum mit 8 Aesten. Fig. 14.

Auf einem nur niedrigen glatten Stamm erheben sich, nach
Unten in kleineren oder größeren Halbkreisen aus einander ge=
bogen, acht senkrecht stehende, mit Fruchtholz besetzte Hauptäste.

Zu diesen Bäumen wählt man sich gesunde, kräftige, ein=
jährig veredelte Stämmchen der hierzu bestimmten Obstsorten
und schneidet bei dem Verpflanzen alle an dem Edeltrieb be=
findlichen Zweige bis auf die gewünschte Stammhöhe an dem=
selben glatt hinweg. Ist dies geschehen, so schneidet man auch
diesen Edeltrieb auf 3 seiner unteren und kräftigen Augen zurück,
um aus den 2 ersten unteren Augen die ersten beiden Seiten=
zweige, aus dem oberen Auge aber einen Verlängerungstrieb
für das Stämmchen zu erziehen. Diese beiden Austriebe aus
den unteren Augen heftet man unten, in einem größeren Halb=

kreise aus einander gebogen, nach oben schief nach rechts und
links geneigt an, wobei das mehr gleichförmigere Wachsthum
dieser beiden Austriebe durch ein mehr waagerechtes oder senk=
rechtes Anheften sehr sorgfältig geregelt werden muß. Den
Austrieb aus dem oberen Auge, welcher in der Folge eine
Verlängerung für das Stämmchen bilden soll, aber heftet man
senkrecht an das Spalier.

Fig. 14.

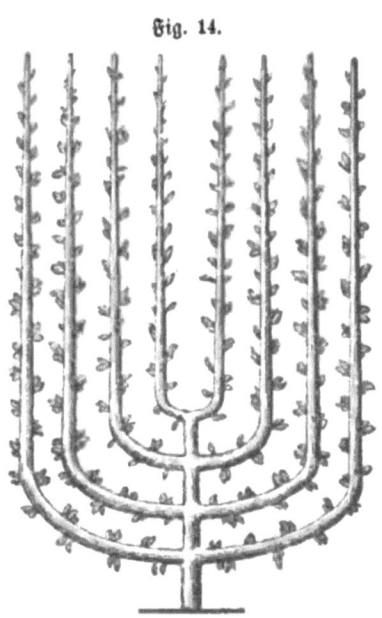

In dem zweiten Frühling sucht man durch das Zurück=
schneiden dieses senkrechten Austriebes auf 3 seiner unteren und
kräftigen Augen 2 neue Seitenzweige und eine Verlängerung
für das Stämmchen auf eine gleiche Weise anzuziehen, wobei
die Schnittfläche für diese aber so hoch an dem Stämmchen ge=
wählt werden muß, wie diese für das Fruchtholz der in dieser
Form zu erziehenden Obstsorten erforderlich ist, und zwar für
Aepfel und Birnen etwa 7, für Pfirsiche und Aprikosen 2c.
15 Zoll. Man verfährt bei der Anzucht dieser Bäume in diesem
und den folgenden Jahren im Allgemeinen wie bei der Anzucht

des einfachen Herzstammes und des kleinen Gabelbaumes, bis
zuletzt auch die beiden oberen und letzten Hauptzweige erzogen
sind, über welchen sodann der Haupttrieb des Stämmchens eingekürzt wird, und auch der Schnitt der erzogenen Hauptzweige
zu Fruchtholz durch das alljährliche Zurückschneiden derselben auf
den dritten oder halben Theil ihrer Länge ist von den beiden
angegebenen Spalierformen nicht verschieden.

Fig. 14 zeigt einen in dieser Form erzogenen Birnenbaum,
diese kann jedoch sehr verschiedenen Abänderungen unterstellt und
mit oder ohne Herzstamm mit einer beliebigen Anzahl von
Fruchtzweigen erzogen werden.

Der Gabelbaum mit doppelten Stämmen und 8 Aesten.

Auf einem niedrigen glatten Stamm erheben sich in der
Mitte desselben, in Form eines lateinischen U, zwei senkrecht
erzogene Aeste, von welchen von unten an, in einem Viertel-
kreise gebogen, sich je wieder drei Seitenäste senkrecht erheben.

Die Anzucht dieses Spaliers ist von der des doppelten Herzstammes Fig. 11 und der des kleinen Gabelbaumes Fig. 12 in
dem ersten Jahre nicht verschieden. In dem zweiten und den
folgenden Jahren aber sucht man durch das Zurückschneiden der
beiden zuerst erzogenen mittleren Hauptzweige auf je 2 ihrer
untersten Augen, zu den beiden Seiten derselben, je einen neuen
Seitenzweig und eine senkrechte Verlängerung der beiden zuerst
erzogenen Hauptzweige zu gewinnen, welche senkrecht, die beiden
Seitenzweige nach unten in größeren Viertelkreisen gebogen,
nach oben aber schief von einander geneigt, angeheftet werden.
Die noch weiteren, mehr nach oben stehenden 2 Seitenzweige
an den beiden Seiten dieser Hauptzweige werden in dem folgenden Jahre auf die gleiche Weise herangezogen. Die Schnittflächen für die zu erziehenden Seitenzweige müssen an den
Hauptästen stets so hoch gewählt werden, wie wir dies für die

betreffenden Obstgattungen bei den früher beschriebenen Spalier=
formen angegeben haben und auch der von Jahr zu Jahr er=
folgende Schnitt derselben, um jüngere Austriebe zu Fruchtholz
zu gewinnen, ist von dem der Gabelbäume Fig. 12 und 13
nicht verschieden.

Der kreisförmige Herzstamm. Müller's Palmette.
Fig. 15.

Auf einem niedrigen glatten Stamm erheben sich, in gleichen
Zwischenräumen vertheilt, in Form einer Scheibe, kleinere und
größere, kreisförmig mit einander verbundene, mit Fruchtholz
reichlich versehene Hauptäste, welche an ihren oberen Spitzen
mit einander verwachsen sind.

Die Erziehung dieses kreisrunden Herzstammes weicht von
dem Fig. 9 nicht ab. Die in dem ersten Jahre erzogenen ersten,
untersten und stärkeren Seitenzweige heftet man, nach unten
in einem größeren Halbkreise aus einander gehalten, an das
Spalier, wobei das schwächere oder stärkere Wachsthum derselben
durch ein mehr senkrechtes oder waagerechtes Anheften geregelt
wird, damit diese beiden ein mehr gleichförmiges Wachsthum
annehmen und eine gleiche Stärke erreichen.

Fig. 15.

In dem folgenden Jahre werden auch die 2 weiteren, nach oben stehenden Seitenzweige durch das Zurückschneiden des Haupttriebes auf 3 seiner unteren Augen, über der für die zu erziehende Obstsorte geeigneten Höhe, wie wir diese bei den früheren Spalieren angegeben haben, und eine Verlängerung des Haupttriebes angezogen, und diese während des Sommers gleich den zuerst erzogenen unteren Hauptästen in einem größeren Halbkreise angeheftet, wobei gleichzeitig auch die schon früher in dem vorigen Jahre erzogenen beiden unteren Seitenzweige zu der Erziehung jüngerer Austriebe, welche das Spalier mit Fruchtholz versehen sollen, auf etwa den dritten Theil ihrer Länge zurückgeschnitten und diese dadurch gewonnenen jüngeren Austriebe später durch das Einkürzen und Entspitzen nach und nach zu Fruchtholz umgebildet werden. Sind sodann diese vier Seitenzweige einer jeden Seite angezogen und durch das bei ihnen alljährlich vorzunehmende Zurückschneiden reichlich mit Fruchtholz versehen, so werden, sobald diese die erforderliche Länge und Stärke erreicht haben, um die in Fig. 15 gezeichneten 4 Kreise mit ihnen formiren zu können, 4 verschieden große Reifen an dem Spalier befestigt, diese Seitenzweige kreisförmig an diese angeheftet und da, wo sich die Spitzen derselben berühren, durch das Ablacktieren mit einander verbunden.

Die Candelaberform mit aufrechtstehenden Aesten.

An den Seiten eines niedrigen glatten Stammes erheben sich nahe über der Erde, in regelmäßigen Zwischenräumen über einander stehend, 3—4 Hauptäste, welche, auf eine bestimmte Länge zuerst waagerecht, sodann in einem rechten Winkel aufwärts gebogen, senkrecht angeheftet sind.

Die Erziehung der für diese Form bestimmten Bäume ist von der des Gabelbaumes mit 8 Aesten nur dadurch verschieden, daß die Spitze, die senkrechte Verlängerung des Stämmchens

nicht ausgeschnitten wird und die in einem jeden Jahre erzoge=
nen Seitenzweige zuerst in Form einer nach Oben weit ge=
öffneten römischen Zahl V so lange an dem Spalier angeheftet
werden, bis diese durch ein mehr waagerechtes oder senkrechtes
Anheften ein ganz gleiches Wachsthum angenommen und auf
ihrer ganzen Länge reichlich mit Fruchtholz versehen sind, sodann
biegt man sie nach Unten waagerecht an dem Spalier nieder
und heftet auf den beiden Seiten, ihre Spitzen in einem rechten
Winkel aufwärts gebogen, senkrecht an.

In dieser Form erzieht man sehr reichlich tragende Aepfel=,
Birnen=, Pfirsich=, Pflaumen= und Kirschenspaliere.

Das gewöhnliche Fächer-Spalier.

Auf einem sehr niedrigen Stamm erhebt sich eine verschiedene
Anzahl stärkerer und schwächerer Seitenzweige, welche, in gleichen
Zwischenräumen von einander entfernt, in einer schief=fächer=
förmigen Richtung an dem Spalier angeheftet sind.

Früher und selbst noch gegenwärtig werden die meisten
unserer Spalierbäume und auch der Weinstock in dieser Form
erzogen, welche bei einem, für die betreffenden Obstgattungen
richtigen Schnitt und einer sorgfältigen Pflege durch eine sehr
reiche Fruchtbarkeit und sich noch überdies durch eine sehr leichte
Behandlung dadurch sehr vortheilhaft auszeichnen, daß die älteren,
stärkeren und nur noch wenig tragbaren Seitenäste, ohne der
Form zu schaden, leicht abgenommen und durch andere, in ihrer
Nähe stehenden Seitenzweige wieder ersetzt werden können, wo=
durch das Spalier fortwährend verjüngt und in einem sehr
fruchtbaren Zustand unterhalten werden kann. In der letzten
Zeit wurde diese Erziehungsart dadurch sehr verbessert, daß man
sich an dem hierzu bestimmten, einjährig veredelten Obststämm=
chen 2c. durch das Zurückschneiden des Edelreises auf 2 seiner
unteren und kräftigen Augen zuerst 2 untere Seitenzweige er=

zieht, welche in Form einer römischen Zahl V an das Spalier angeheftet werden. Neue oberen und unteren Seitenzweige können bei dem in jedem Frühling vorzunehmenden Winter= schnitt alljährlich dadurch gewonnen werden, wenn man in dem zweiten Jahre diese beiden zuerst erzogenen Austriebe auf je 2 ihrer untersten und kräftigsten Augen zurückschneidet, wodurch auf einer jeden Seite des Spaliers ein neuer Seitenzweig und eine Verlängerung dieser beiden Hauptäste gewonnen wird. In den folgenden Jahren wird mit dieser Anzucht neuer oberer und unterer Seitenzweige und einer Verlängerung der zuerst erzoge= nen beiden Hauptäste noch so lange fortgefahren, bis das Spalier vollständig gebildet ist. Das Zurückschneiden der zuerst erzoge= nen Seitenzweige, um jüngere Austriebe zu gewinnen, welche durch das Entspitzen nach und nach zu Fruchtholz umgebildet werden, ist von dem der früher erwähnten Spaliere nicht ver= schieden.

Alle zu Spalieren tauglichen Obstsorten und auch der Wein= stock sind in dieser Form bei einer sorgfältigen Pflege überaus fruchtbar.

Das rechtwinkelige Fächer-Spalier von Montreuil oder das offene V. Fig. 16.

Auf einem niedrigen glatten Stamm erheben sich nach rechts und links zwei in einem Winkel von 45° gegen einander geneigte Hauptäste, welche über und unter sich, in ganz regelmäßigen Zwischenräumen vertheilt, eine Anzahl Seitenzweige haben, die gegen die Hauptäste, von welchen sie entspringen, leicht geneigt sind.

Die jungen Pfirsichbäume in den Baumschulen haben zu ihrer Veredlung gewöhnlich nur ein einziges Auge erhalten und bilden deßhalb nur einen Stamm. Für diese besteht der erste Schnitt darin, daß man den Edeltrieb über 2 seiner untersten, zu den Seiten stehenden Augen schneidet, diese Augen sind dazu bestimmt, den beiden Hauptästen des Baumes ihr Entstehen zu geben. Von bedeutendem Vortheil aber wäre es, wenn diese Bäume schon in der Baumschule auf 2 entgegengesetzten Seiten auf eine gleiche Höhe je 1 Auge erhalten hätten, oder wenn die für eine solche Veredlung bestimmten Grundstämmchen noch unveredelt an Ort und Stelle gepflanzt und sie daselbst auf diese eben angegebene Weise veredelt würden, man gewinnt da= durch für die Bildung eines solchen Spaliers ein Jahr; denn man hat schon von Anfang an die beiden Mutterzweige, welche schief=fächerförmig in Form der römischen Zahl V, nach oben ziemlich weit von einander gehalten, an das Spalier angeheftet werden. Während des Sommers muß das Wachsthum dieser beiden Seitenzweige sehr sorgfältig beobachtet und durch ein mehr waagerechtes oder senkrechtes Anheften ein möglichst gleich= förmiges Wachsthum und eine gleiche Stärke angestrebt werden.

In dem folgenden Frühling wird jeder dieser Hauptäste über 2 ihrer untersten Augen, einer nach unten auf die Seite und einer nach oben stehenden kräftigen Knospe, geschnitten. Die oberen Augen dienen zu der Verlängerung der beiden Hauptäste oder Mutterzweige, diejenigen aber, welche sich unter diesen seitwärts befinden, werden den ersten Seitenzweigen ihr Entstehen geben. Während des darauf folgenden Sommers unterhält man bei diesen 4 Austrieben eine durchaus gleiche Stärke, indem man entweder den stärker werdenden Zweig etwas neigt und den schwächeren aufrichtet, oder indem man den schwächeren Zweig von der Mauerfläche entfernt, während der stärkere daran festgebunden wird. Die beiden Triebe, welche zu der Verlängerung der Hauptäste bestimmt sind, werden in einem Winkel von etwa 70° aus einander gehalten, die Seitenzweige in einem solchen von 40°. Andere Austriebe, welche sich mit diesen gleichzeitig auf dem Stock entwickeln, werden eingekneipt, sobald diese eine Länge von 7 Zoll erreicht haben, und später

theilweise vollständig unterdrückt, ebenso werden auch alle vor=
eiligen Schosse, welche auf den beibehaltenen Trieben hervor=
kommen entspitzt.

In dem zweiten Frühling schneidet man diese Hauptäste auf
etwa 18—19 Zoll über den unteren Seitenzweigen, über je
einem kräftigen Auge, das vorwärts gerichtet ist und zu der
Verlängerung dieser Zweige dient. Man verzichte darauf, in
diesem Jahre neue Seitenzweige zu bekommen, denn man hat
hauptsächlich das Wachsthum der bereits vorhandenen zu be=
günstigen, es geschieht dies dadurch, daß man die Hauptäste
ziemlich kurz, die Seitenzweige aber möglichst lang über einem
vorwärts gerichteten Auge schneidet. Man wähle, um die
Zweige der Spalierbäume zu verlängern, stets nur solche Augen,
die vorwärts sehen, weil dadurch die kleine Entstellung, welche
ihre Verlängerung hervorbringt, so wie sie aus dem Zweige
kommt, von vorn gesehen, weniger in die Augen fällt. Die sich
entsprechenden Zweige sollen in einer gleichen Länge geschnitten
werden, weil dies für das Gleichgewicht des Wachsthums der
verschiedenen Theile des Baumes unentbehrlich ist. Würde je=
doch ein Zweig ein stärkeres Wachsthum entwickeln, so entstünde
daraus die Nothwendigkeit, den schwachen Zweig kürzer wie den
starken zu schneiden. Nach diesem Schnitt müssen die Zweige
so angebunden werden, daß diejenigen, welche sich entsprechen,
ganz in der gleichen Stellung befinden. Wäre einer mehr ge=
neigt wie der andere, so würden sie nicht gleichmäßig vegetiren.
Die Hauptäste werden in einen Winkel von 65° gebracht, wäh=
rend die Seitenzweige in ihrer ursprünglichen Stellung ver=
bleiben, wodurch ihr Wachsthum mehr begünstigt wird. Wäh=
rend des kommenden Sommers wird ausgebrochen, eingekneipt
und dafür gesorgt, daß die Endtriebe mit gleicher Stärke sich
entwickeln.

Mit dem Winterschnitt in dem kommenden Frühling schneidet
man die Verlängerung der beiden Hauptäste auf ungefähr 20 bis

22 Zoll über 2 kräftigen Augen zurück; die beiden unteren
Augen, welche sich an denjenigen Seiten der Hauptäste befinden,
an welchen die neuen Seitenzweige entstehen sollen, werden
diesen ihr Entstehen geben, während die oberen Augen eine
Verlängerung für die Hauptäste bilden, diese Entfernung ist für
das Anspalieren der Fruchttriebe äußerst nothwendig.   Die
ersten Seitenzweige werden möglichst lang, auf oder über drei
Viertheilen ihrer Länge zurück geschnitten.   Was die entwickelten
Triebe betrifft, welche sich auf den Haupt= und Seitenzweigen
befinden, so werden diese durch den Frühlings = und Sommer=
schnitt zu Fruchttrieben vorgebildet.   Sind durch irgend un=
günstige Verhältnisse eine oder mehrere dieser Knospen, auf
deren Entwickelung zu Fruchttrieben man hoffen konnte, schlafend
geblieben, so läßt man einen nahe an dieser Stelle hervorkom=
menden Trieb mehr lang und heftet ihn recht nahe an diesen
Zweig an.   Während des Sommers wählt man sich an diesem
liegenden Trieb gerade an den Punkten, wo sich die schlafenden
Augen befinden, so viele Schosse als nöthig sind, und behandelt
sie mit derselben Sorgfalt, welche diese des vorigen Jahres er=
hielten, damit sich in dem Frühling eben so viele Fruchttriebe
bilden.   Die Hauptäste werden in einem Winkel von ungefähr
60°, die Seitenzweige aber in ihrer früheren Stellung ange=
heftet.

Von dieser Zeit an läßt man bei einem jeden Schnitt in
dem Frühling einen neuen Seitenzweig entstehen, und nachdem
sich alle ausgebildet haben, füllt man das Innere des Baumes
vermittelst neuer Verästelungen aus.   Es ist wohl zu berück=
sichtigen, daß die Hauptverästelungen nur nach und nach in die
Lage kommen, welche sie in Fig. 16 einnehmen, man neigt sie
daher nur in dem Verhältniß ihrer Stärke.   Nachdem man so
die Seitenzweige auf der unteren Seite der Hauptäste erhalten
hat, denke man daran, auch auf der oberen Seite solche zu be=
kommen.   Es wäre nicht rathsam gewesen, wenn man sich bälder

7 *

mit ihrer Heranbildung beschäftigt hätte, denn dies würde, wenn
man sie früher an ihrem gehörigen Platze hätte stehen lassen,
den unteren Seitenzweigen sehr geschadet haben. Man wählt
zu dieser Zeit bei dem Winterschnitt auf der oberen Seite der
Hauptäste der Punkte der unteren Seitenzweige gegenüber einen
starken Trieb, dem man eine Länge von ½ Fuß läßt und über
einem gut ausgebildeten Auge schneidet. Zu der Zeit des An-
heftens läßt man ihm seine aufrechte Stellung. Man wähle
hierzu stets solche Triebe, welche über den Punkten entstehen,
unter welchen der untere Seitenzweig eingefügt ist. Die unteren
Zweige erhalten so den Saft aus den Wurzeln früher als die
oberen, wodurch der Schaden ausgeglichen wird, der für sie aus
ihrer unvortheilhaften Stellung entspringt. Während des Sommers befördert man die Entwickelung der Endtriebe dieser
Zweige.

In dem folgenden Jahre werden die unteren Seitenzweige
1 Fuß von der Grenze entfernt geschnitten, welche sie nicht
überschreiten dürfen, und sodann für beständig in einem Winkel
von 15° angeheftet, die oberen Seitenzweige werden auf eine

Fig. 16.

Länge von etwa 16 Zoll von ihrem Entstehungspunkte an zurück geschnitten. Bei dem Schnitt des nächsten Jahres erhalten die äußeren Seitenzweige, welche ihre volle Länge noch nicht erreicht haben, einen gleichen Schnitt wie früher, diejenigen, welche ihre Grenzen erreicht haben, werden 1 Fuß von denselben entfernt geschnitten. Später, zu der Zeit des Winterschnittes, hat man nur noch die Spitzen der Seitenzweige 1 Fuß unter dem Punkt, den sie nicht überschreiten dürfen, zurückzuschneiden. Dies ist unumgänglich nöthig, um den hinreichenden Raum für eine Verlängerung der Endtriebe zu erhalten. Das Wachsen dieser Triebe ist nöthig, um eine hinreichende Menge Saft diesen Zweigen zuzuführen, um sie ihrer ganzen Länge nach in einer gehörigen Stärke zu erhalten, eine genügende Menge kräftiger Triebe zu bekommen, wodurch hauptsächlich das Leben, die kräftige Gesundheit und reiche Fruchtbarkeit des Baumes abhängt. Das gleiche Resultat erhält man auch dadurch, wenn man bei dem jedesmaligen Winterschnitt in dem Frühling den Endtrieb oder die Spitzen der Hauptzweige 4 Zoll zurück schneidet, gegen das Ende des Juni wählt man sodann einen Schoß von mittler Stärke, der auf diesen Zweigen etwa 14 Zoll von der Mauer= höhe entfernt steht. Dieser Trieb ersetzt die Spitze des Zweiges, welchen man sodann unmittelbar über diesem Schoß abschneidet. Dieses Verfahren bewirkt das Zurücklaufen des Saftes in die unteren Theile des Baumes.

Diese schöne Spalierform leidet hauptsächlich dadurch, daß die unteren Seitenzweige trotz ihrer unvortheilhaften Stellung immer kräftiger sich entwickeln wie die oberen, welchen dies zum Schaden gereicht und welches man durch das Entspitzen nicht gänzlich verhindern kann. Doch kann man diese Kraftäußerung durch das folgende Verfahren reguliren, wenn man diese oberen Zweige nur aus Fruchttrieben, die durch einen öfteren Schnitt schon geschwächt sind, entstehen läßt; oder was besser ist, man setzt auf den oberen Seiten der Hauptäste, so wie sie sich nach und nach verlängern, an jedem der Punkte, aus welchen diese Seitenzweige hervorkommen sollen, ein Auge ein und schneidet die Austriebe derselben auf Zapfen zurück bis zu der Zeit, in der diese Seitenzweige ihre Heranbildung erhalten sollen. Dieses letztere Verfahren ist aber nicht nur bei dieser Form und dem Pfirsichbaum anwendbar, sondern in allen Fällen, in welchen es Zweige giebt, die günstiger gelegen sind als andere und bei allen Obstsorten.

Das Fächer-Spalier von Montreuil eignet sich hauptsächlich für die Pfirsiche.

Anzucht, Schnitt und weitere Pflege der in Zwergformen zu erziehenden Obstgattungen.

Apfelbaum. Pyrus Malus.

Als Zwergbaum erzogen, gedeiht der Apfelbaum in allen Lagen, bei milderen klimatischen Verhältnissen an freistehenden oder Gegenspalieren in einer solchen gegen Südost und Südwest; an Mauern selbst in einer solchen gegen Norden und auf dem Paradiesapfel, Pyrus Malus paradissica, veredelt, auch selbst auf einem nur wenig tiefen, frischen, kühlen und kräftigen Boden. In diesen Formen erzogen, veredelt man nur schwach treibende Varietäten des Tafelobstes (Früchte ersten Ranges) zu Cordon-, niedrigen Kronen-, Pyramiden- und Spalierbäumen auf den Grundstämmen des Paradiesapfels so hoch über dem Wurzelstock dieser Unterlagen, daß diese Veredlungsstellen bei dem Verpflanzen dieser Bäume nicht mit in die Erde eingebracht werden können. Der alljährliche Winterschnitt dieser Bäume wird sodann mehr kurz zu der Erziehung kräftiger Holztriebe gehalten und bei einem, in dem Verhältniß seiner Größe und Stärke zu reichlichem Fruchtansatz wird schon zeitig ein Theil

seiner Blüthefnospen entfernt oder durch diesen Schnitt in Holz=
triebe umgewandelt.

Auf seinen eigenen, den schwach treibenden Aepfel=Sämlingen
veredelt und als Zwergbaum erzogen, entwickelt dieser Baum
ein weit stärkeres und kräftigeres Wachsthum, und muß daher
schon von Anfang an und so auch später mehr lang geschnitten
und bei seiner Ausbildung durch den Frühlings= und Sommer=
schnitt, durch das von Zeit zu Zeit vorzunehmende Entspitzen
für die Ausbildung einer zureichenden Menge von Fruchtholz
gesehen werden. Dieser Schnitt auf Fruchtbarkeit wird stets
mehr kurz auf kräftige Holztriebe geführt, man läßt das Frucht=
holz so reichlich wie möglich sich entwickeln, die Fruchtzweige
werden stets sehr kurz gehalten und nachdem diese erschöpft sind,
erneuert. Mit dem Frühlings= und Sommerschnitt, dem Ent=
spitzen und Ausbrechen der Zweige beginnt man von unten an,
sobald diese Triebe 7 Zoll lang sind, und entspitzt diese auf 2
ihrer untersten und kräftigsten Augen; sobald aber diese wieder
austreiben wollen, entspitzt man mehrere oben an dem Baum
stehende Zweige. Hauptsächlich hüte man sich, Spalierbäume,
welche auf Kernensämlingen, wenn auch schwach treibender
Aepfel=Varietäten veredelt, stark zu schneiden, indem diese Bäume
schon von Natur aus eine sehr kräftige Entwickelung entfalten
und bei starkem Schnitt unaufhörlich in Holz wachsen.

Aeltere und schwächliche Aepfelbäume können durch eine nach
und nach erfolgte Abnahme ihrer älteren, verholzten, nur noch
wenig fruchtbaren Aeste, wenn zugleich auch eine gründliche
Verbesserung des Bodens durch die Aufbringung einer frischen,
dungkräftigen Erde vorgenommen wird, wieder verjüngt und
sehr fruchtbar werden. Aus den, an den abgenommenen Stellen
erscheinenden Austrieben erzieht man sich sodann für den abge=
nommenen einen neuen Ast an, mit welchem die entstandene
Lücke ausgefüllt wird.

Birnenbaum. Pyrus communis. .

Auf schwach treibenden Unterlagen in Zwergform erzogen, erfordert der Birnenbaum einen nur wenig tiefen, guten und kräftigen Boden, während derselbe, auf seinen eigenen (schwach treibenden Birnen=) Sämlingen veredelt, einen mehr tiefen Grund liebt. Hauptsache bei dieser Erziehungsart ist, daß man diese zu Unterlagen bestimmten Birnensämlinge durch ein schon frühzeitiges und öfteres Verpflanzen und das Verkürzen ihrer stärkeren Wurzeln mit einer nur flach greifenden und reichen Bewurzelung erzieht, das auch bei dem Apfelbaum mit Vortheil geschieht. Die beste Lage für den Birnenbaum an Spalieren ist eine solche gegen Süden, Südwest und Südost, doch kann auch eine Lage gegen Norden mit solchen Birnen=Varietäten sehr nützlich bepflanzt werden, deren Früchte nur wenig Farbe be= kommen und in einer solchen Lage leicht reifen. S. Verzeichniß der Obstsorten.

In den verschiedenen Formen, als Kronen=, Pyramiden= und Spalierbaum erzogen, veredelt man die schwach treibenden Varietäten des Tafelobstes (Früchte ersten Ranges) auf die Unterlagen der Quitte, Pyrus Cydonia, zu mehr niedrigen und schwächeren Zwergbäumen auf die Sämlinge des Weißdorns, Crataegus oxyacantha, stets aber so hoch über dem Wurzel= stock dieser Unterlagen, daß diese Veredlungsstellen bei dem künftigen Verpflanzen dieser Bäume nicht mit in die Erde ein= gebracht werden. Der alljährliche Schnitt dieser Bäume während ihrer Ausbildung und so auch noch später auf ihre Fruchtbarkeit wird stets mehr kurz auf kräftiges Holz geführt. Man läßt in dem Verhältniß der Größe und Stärke dieser Bäume das Frucht= holz so reichlich wie möglich sich entwickeln, die Fruchtzweige selbst werden stets sehr kurz gehalten und nachdem diese er= schöpft sind, erneuert. Mit dem Frühlings= und Sommerschnitt, dem Entſpitzen und Ausbrechen der Zweige beginnt man ſchon zeitig von unten an dem Baum, ſobald dieſe Triebe etwa 6 bis 7 Zoll lang erwachſen ſind, und entſpitzt dieſe auf 2 ihrer unterſten und kräftigſten Augen; ſobald aber dieſe entſpitzten Triebe wieder austreiben wollen, ſo entſpitzt man mehrere oben an dem Baum ſtehende Zweige.

Zu der Anzucht von höheren und ſtärkeren Zwergbäumen, zu ſtarken und kräftigen Pyramiden veredelt man nur ſchwach treibende Birnen = Varietäten des Tafelobſtes auf ihre eigenen (ſchwach treibende Birnen =) Sämlinge und ſchneidet dieſe, da ſie beſonders auf einem mehr kräftigen Boden ein ſehr ſtarkes Wachsthum entwickeln, ſchon während ihrer Ausbildung und auch in der Folge mehr lang, indem ſie bei einem mehr kurzen Schnitt zu ſehr in Holz wachſen.

Aeltere Birnen=Zwergbäume, welche nach aller auf ſie ver= wendeten Pflege an Fruchtbarkeit abnehmen, werden durch eine nach und nach vorzunehmende Abnahme ihrer älteren Aeſte wieder verjüngt und oft ſehr fruchtbar; man bildet ſodann aus den, an den abgeſchnittenen Stellen hervorſproſſenden ſtärkeren Zweigen die neue Krone oder die Aeſte des Spaliers.

Pfirſichbaum. Amygdalus Persica.

Der Pfirſichbaum wird bei unſern klimatiſchen Verhältniſſen nur als Spalier an ſüdlich gelegenen Mauern und Gebäuden, nur äußerſt ſelten und in nur ausnahmsweiſen guten, warmen und geſchützten Lage, wie in den Weinbergen als Hochſtamm angezogen. (S. Hochſtämme.) Seine Anzucht als Spalier er= fordert aber eine ſehr aufmerkſame Behandlung, der Baum überhaupt eine ſehr ſorgfältige Pflege.

Bei ſeiner Bildung als Spalier werden die Haupt= und Seitenzweige möglichſt lang gehalten (ſ. Fächer = Spalier von Montreuil) und dieſe, um eine Verlängerung oder neue Seiten=

zweige zu gewinnen, auf der hierzu bestimmten Länge stets über
einem solchen kräftigen Auge zurück geschnitten, dessen Spitze
dahin sieht, in welcher Richtung der neue Zweig erzogen werden
soll. Dieses Letztere ist auch bei der Bildung anderer Obst=
gattungen in Zwergform 2c. sehr zu berücksichtigen. Gelingt es
trotz dieser Vorsicht nicht, einen neuen Seitenzweig an einer für
die Form des Baumes gewünschten Stelle zu erhalten, so macht
man einen Einschnitt über dem betreffenden Auge oder setzt da=
selbst durch das Okuliren ein neues Auge ein und zieht den
Austrieb desselben zu dem gewünschten Austrieb heran. Die in
einem jeden Jahre durch den Winterschnitt zu erziehenden Ver=
längerungen der Hauptzweige und neuen Seitenzweige müssen
durch das während des Frühlings und Sommers öfters wieder=
holte Nachheften in einer solchen Stellung erhalten werden, da=
mit diese gegenseitig ein möglichst gleichförmiges Wachsthum an=
nehmen, einer dieser Zweige nicht mehr Neigung habe wie ein
anderer und sie vermöge ihrer gleichen gegenseitigen Stellung
hinsichtlich des Saftzuflusses gleich begünstigt sind. S. Allg.
Obstbaumschnitt.

Durch das bei dem Winterschnitt von Jahr zu Jahr vor=
zunehmende Einkürzen der schon früher erzogenen Haupt= und
Seitenzweige erscheinen auf denselben eine Menge kleinerer Aus=
triebe, welche man nach Oben und Unten in regelmäßigen Ent=
fernungen von 4—6 Zoll entwickeln läßt. Diese jungen Zweige
werden, sobald sie eine Länge von 8—10 Zoll erreicht haben,
auf 2—3 ihrer untersten und kräftigsten Augen entspitzt, um sie
zu Fruchtholz umzubilden. Haben durch irgend welche Verhält=
nisse an den Haupt= und Seitenzweigen mehrere dieser Augen
nicht ausgetrieben oder sind diese durch Zufall beschädigt, so
läßt man an einer solchen Stelle einen jüngeren Austrieb länger,
legt diesen nahe auf die kahle Stelle nieder, um aus den Augen
desselben die noch fehlenden jüngeren Austriebe anzuziehen, wie
wir dies bei dem Fächerspalier von Montreuil befolgt haben,

ober sucht durch das Ablacktieren eines nahe stehenden Zweiges die leere Stelle auszufüllen. Nicht alle diese jüngeren Austriebe bilden sich zu Fruchtholz aus und es bleiben auch Holzzweige. Diese letzteren werden nun bei der Bildung der Spaliere zu oberen und senkrecht stehenden Seitenzweigen erzogen, leere Stellen mit ihnen ausgefüllt und durch das Entspitzen zu Frucht= und Doppelzweigen benutzt.

Sobald ein Spalierbaum gebildet ist, wird er alljährlich auf Frucht geschnitten. Man hat zwar schon in seinen früheren Jahren mit Fruchtästen zu schaffen, welche alljährlich kurz, über 2—3 Fruchtaugen geschnitten werden. Bei dem Schnitt des Pfirsichbaumes, überhaupt bei dem des Steinobstes hat man besonders aufmerksam auf die Frucht= und Holzaugen zu sehen, denn nur diese letzteren können sich zu Zweigen entwickeln; man sollte daher den Pfirsichbaum nicht eher beschneiden, als bis man sieht, daß die Holzaugen sich entwickeln. Für den Schnitt dieses Baumes ist ferner die Regel sehr wichtig, daß derselbe seine Fruchtknospen nur auf dem einjährigen Holz bildet und daß jeder Fruchtzweig nichts mehr trägt, sobald er einmal seine Frucht gegeben hat. Diese Wahrnehmung hat bei dem Schnitt des Pfirsichbaumes zu derjenigen Verrichtung geführt, welche man die Ersetzung, d. h. die Ersetzung des abgängigen Frucht= holzes durch junges Fruchtholz nennt; es müssen daher alle Fruchtzweige, welche Früchte brachten, bei dem nachfolgenden Winterschnitt möglichst kurz an der Stelle, wo sie entspringen, hinweg genommen werden, um in der Folge neue Austriebe zu Fruchtholz zu erhalten, welche sich aus den Augen des stehen gebliebenen Stumpfes entwickeln.

Nach diesem Schnitt folgt zu Anfang des Monats Mai das Ausbrechen der jungen Austriebe; es wird nämlich zu dieser Zeit eine Auswahl unter jenen Trieben getroffen, welche den Baum für das nächste Jahr regelmäßig mit Fruchtholz versehen und die vorkommenden Leerstellen gut ausfüllen sollen. Man nimmt bei diesem Ausbrechen alle überflüssigen, weil zu dicht stehenden Austriebe hinweg, da sie die Kräfte des Baumes nur unnütz verbrauchen würden, zu der Ausfüllung leerer Stellen aber werden kräftige Austriebe, welche sich in der Nähe befinden, geschont und im Juni auf 2 ihrer unteren und kräftigsten Augen entspitzt, wodurch 2 jüngere Seitentriebe gewonnen wer= den, welche gewöhnlich noch bis zu dem Herbst ausreifen. Nur zu diesem Zweck soll das junge Holz geschnitten, sonst aber in seinem Wachsthum nicht gestört werden. Das Anheften der durch den Winter=, Frühlings= und Sommerschnitt beschnittenen Zweige haben wir in dem Allg. Obstbaumschnitt: „Anheften, Anbinden der Obstbäume" angegeben.

Nach der Vollendung des ersten Triebes werden die Zweige wieder geordnet und diejenigen, welche beibehalten werden, sorg= fältig nachgeheftet, Zweige, welche Früchte haben, auf 3—4 Augen zurück geschnitten. In Verbindung mit der Regulirung der Zweige und jüngeren Austriebe, welche den Sommer über sehr sorgfältig beobachtet, nach Bedürfniß nachgebunden und durch ein mehr senkrechtes oder waagerechtes Anheften zu einem mehr kräftigeren oder schwächeren Wachsthum gebracht werden müssen, wird nun später auch das Verdünnen der Früchte vorgenommen, sobald diese die Größe einer Erbse erreicht haben. S. Allg. Obstbaumschnitt: b) „Frühlings= und Sommerschnitt."

Eine besondere Aufmerksamkeit und sorgfältige Behandlung erfordern die Pfirsichspaliere zu der Zeit ihrer schon frühzeitig erscheinenden Blüthen durch die so oft eintretenden nachtheiligen Witterungseinflüsse, gegen welche diese durch die schon oben er= wähnten Schutzdächer 2c. zu schützen sind.

Alte, entkräftete, nur noch wenig fruchtbare Pfirsichbäume lassen sich, nachdem der Boden einer gründlichen Verbesserung unterworfen, die alte Erde hinweggeräumt und diese durch eine frische, gute, mit verrottetem Dünger, Mistbeet= oder Düngererde gut vermengt wurde, leicht wieder verjüngen, wenn bei dem

Winterschnitt in dem Frühling die alten, verholzten Aeste nach und nach an einer gesunden Stelle abgenommen und die Schnittwunden sogleich mit Pfropfwachs überstrichen werden. Von den an diesen Stellen hervorsprossenden jungen Austrieben wird der kräftigste davon beibehalten und mit diesem die Lücke des abgenommenen Astes wieder ausgefüllt. Bei, in Folge hohen Alters schwächlichen Pfirsichbäumen ist es indeß vergeblich, diese Bäume wieder verjüngen zu wollen, man suche diese durch die Abnahme ihres gänzlich oder theilweisen abgestorbenen Holzes noch so lange zu erhalten, als ihre Fruchtbarkeit noch befriedigt. Werden ihre Früchte mit der Zeit weniger und geringer, so nimmt man diese Bäume aus und ersetzt sie durch junge Bäume, oder was besser ist, man pflanzt an ihre Stellen die jungen Bäume einer anderen Obstgattung, nachdem der Boden eine gründliche Verbesserung durch Erdmischung und Düngung erhalten hat.

Durch eine sehr sorgfältige Auflockerung des Bodens in dem Herbst und Frühling, ein reichliches Begießen bei einer mehr trockenen und warmen Witterung und eine während des Winters aufzubringende gute Düngung wird das Wachsthum und eine reiche Fruchtbarkeit dieser Bäume sehr befördert.

Aprikosenbaum. Prunus Armeniaca.

Der Aprikosenbaum verlangt an dem Spalier eine warme, geschützte Lage an einer südlich oder südöstlich gelegenen Mauer rc. und wird auf die gleiche Weise wie der Pfirsichbaum gebildet, nur etwas länger geschnitten. Man erzieht ihn meistens in Herzstamm- und Fächerform, die Seitenzweige 10—12 Zoll von einander entfernt und auch an dem Cordon.

Der Baum blüht schon frühzeitig und leidet durch ungünstige Witterungsverhältnisse oft sehr, weßhalb derselbe, gleichwie der

Pfirsichbaum, durch Schutzdächer, Vorhänge ꝛc. sorgfältig geschützt werden muß.

Der Schnitt des Aprikosenbaumes auf Fruchtbarkeit und auch seine übrige Pflege zu der Beförderung und Erhaltung einer kräftigen Gesundheit und reichen Fruchtbarkeit geschieht auf die gleiche Weise wie bei den Pfirsichbäumen.

Pflaumenbaum. Prunus Damascena.

Zu der Anzucht von sehr niedrigen Zwergkronen-, Spalier- und Cordonbäumchen veredelt man die vorzüglichsten Pflaumen-Varietäten auf die aus Samen erzogenen jungen Stämmchen des Schwarzdorns, Prunus spinosa, und schneidet sie mehr kurz (auf Holz), man erhält dadurch sehr schöne, niedrige und sehr reichlich tragende Bäumchen. Zu mehr höheren und stärkeren Zwergkronen-, Pyramiden- und Spalierbäumen veredelt man sie auf die schon früher angegebenen Unterlagen und hält diese Bäume in dem Schnitt länger.

An den Spalieren erzieht man den Pflaumenbaum in Herz-stamm- und Fächerform, die Seitenzweige 9—10 Zoll von einander entfernt. Die jüngeren Austriebe werden während des Sommers ein bis zwei Mal entspitzt, um Seitenzweige zu ge-winnen, das Fruchtholz aber stets kurz geschnitten. Um leere Stellen an den Spalieren auszufüllen, entspitzt man schon zeitig in dem Monat Mai nahe an diesen Stellen stehende Zweige und heftet ihre Austriebe daselbst an. Diejenigen Zweige, welche nicht zu der Ernährung von Früchten bestimmt sind, werden zurück geschnitten und die zu viel angesetzten Früchte ausgelichtet, sobald diese die Größe einer kleinen Kirsche erreicht haben.

Aeltere, nur noch wenig fruchtbare Pflaumenbäume werden, sobald ihre älteren Aeste an Fruchtbarkeit abnehmen, durch eine nach und nach folgende Abnahme ihrer älteren und stärkeren Aeste auf die gleiche Weise wieder verjüngt, wie wir dies bei

dem Pfirsichbaum angegeben haben, sie werden dadurch ungemein fruchtbar.

Sauerkirschenbaum. Prunus Cerassus.

Der Sauerkirschenbaum gedeiht, als Zwergkronen = und
Spalierbaum erzogen, in fast allen Lagen und auch auf einem
noch geringen Boden meistens recht gut, und selbst eine Lage
gegen Norden kann mit diesen Bäumen bepflanzt werden; die
Schatten=Amarelle giebt daselbst sehr gute Erträge.

Zu der Bildung von niedrigen Zwergkronen = und Spalier=
bäumen ist die Ostheimer=Weichsel, Prunus Chamaecerassus,
besonders zu empfehlen, doch auch die anderen Weichsel = und
Amarellen=Varietäten, auf die jungen Stämmchen der Ostheimer=
Weichsel veredelt, lassen sich recht gut in diesen Formen erziehen,
man erhält hierdurch mittelhohe, kräftige und sehr fruchtbare
Bäume. Zu höheren und stärkeren Spalieren an hohen Mauern,
Gebäuden und Gegenspalieren, veredelt man die nur schwach
treibenden Varietäten der Sauer= und Süßkirschen auf die
Sämlinge der Mahalebkirsche, P. Mahaleb, und verpflanzt diese
auf einen nur wenig fruchtbaren Boden, damit sie sich nicht zu
kräftig entwickeln und im Schnitt besser zu erhalten sind. An
den Spalieren erzieht man sie meistens als Herzstamm, die
Aeste 8—10 Zoll von einander entfernt und schneidet sie nur
so lange, bis diese Bäume gebildet sind, doch stets nur über
kräftigen Holzaugen. Um leere Stellen auszufüllen, kürzt man
nahe an diesen stehenden kräftigen Zweigen über 2 ihrer unteren
und kräftigen Augen ein, sie werden dadurch gezwungen, junge
Austriebe zu bilden, mit welchen diese Lücken ausgefüllt werden.
Die jüngeren Austriebe werden auf 2—3 ihrer untersten Augen
entspitzt, sie bilden auf diese Weise leicht Fruchtholz. Alle über=
flüssigen, weil zu dicht stehenden Austriebe, besonders solche
gegen die Wand und an der vorderen Seite der Spaliere,

werden schon zeitig, noch als Knospen abgedrückt, damit man sie später nicht zu schneiden braucht, wodurch leicht Harzfluß entsteht. Aus diesem Grunde ist auch eine Verjüngung älterer, nur noch wenig fruchtbarer Kirschenbäume nicht zu empfehlen; werden einzelne Aeste dürr, so nimmt man diese schon zeitig in dem Frühling bis auf die gesunden Stellen ab, verstreicht diese Schnittwunden sogleich mit Pfropfwachs und sucht durch eine Zumischung von frischer und guter Erde diese Bäume noch so lange zu erhalten, als ihre Fruchtbarkeit noch befriedigt.

Die Krankheiten der Obstbäume.

Der **Harz- oder Gummifluß** ist durch das Austreten eines gummiartigen Saftes, welcher sich an der Luft verdickt, an den Steinobstbäumen leicht zu erkennen. Diese Krankheit entsteht in Folge einer Stockung der Säfte, herbeigeführt durch einen zu schnellen Temperaturwechsel, Verletzung der Saftgefäße durch einen unzeitigen, späten oder zu starken Schnitt, besonders wenn diese Schnittwunden nicht sogleich mit Pfropfwachs über-strichen werden. Auch durch einen Ueberfluß an Saft auf einem besonders guten und kräftigen Boden oder eine zu reichliche Düngung wird diese Krankheit, welche den Pfirsichbäumen an den Spalieren besonders schädlich ist, herbeigeführt. Das beste Mittel, diese bei den Obstbäumen zu verhüten, besteht darin, daß man diese Bäume schon von Jugend an durch eine sorg-fältige Pflege sehr kräftig erzieht und sie an den Spalieren durch die über ihnen anzubringenden Schutzdächer, Decken ꝛc. vor den ungünstigen Witterungsverhältnissen soviel wie möglich zu schützen sucht. Das an den Bäumen schon ausgeschwitzte Harz wird durch einen Regen erweicht, von denselben abge-nommen, die Oeffnungen mit Baumkitt oder Pfropfwachs gut überstrichen und sodann mit einem Lappen überbunden, welcher bis zur vollständigen Heilung fortwährend naß erhalten wird.

Der **Mehl- und Honigthau** entsteht durch eine zurück=
gehaltene Ausdünstung der Bäume, wenn heiße Tage und kühle
Nächte schnell mit einander abwechseln, wodurch sich das Nämliche
ereignet, das man bei Menschen und Thieren Erkältung nennt.
Die Natur hilft durch Wind und Regen, und auch das öftere
Schütteln und Ueberspritzen mit kaltem Wasser der damit be=
fallenen Bäume ist das beste Mittel gegen diese Krankheit.

Das **Bersten der Rinde.** Erhält ein Baum auf einem
mehr kräftigen und gut gedüngten Boden in Folge einer oft
schnell eintretenden feucht=warmen Witterung eine größere Menge
Nahrungstheile, denn je mehr feucht und warm die Witterung
ist, desto mehr Pflanzennahrung wird gebildet, den Gewächsen
zugeführt und auch von diesen aufgenommen, und so ereignet
es sich nicht selten, daß die Rinde des Stammes mehrere Linien
weit aus einander reißt. Kommt man diesen Bäumen nicht
sogleich zu Hülfe und verstreicht diese Wunden mit Baumkitt,
so entsteht durch den Ausfluß des Saftes leicht Fäulniß, Aus=
trocknen der Rinde und zuletzt Krebs. Bei schnellwüchsigen
Bäumen, wie dies auf einem guten und kräftigen Boden
sehr häufig vorkommt, kann das Bersten der Rinde durch
ein rechtzeitiges Aderlassen verhütet werden.

Der **Schwamm,** die **Baumreische.** An den älteren
Stämmen und den bloßliegenden Wurzeln der Kirschen= und
Zwetschenbäume findet man Schwämme oder Pilze, Polyporus
igniarius, mit dickem, hartem, stumpfem, bräunlich=grauem
Hut und oft in mehreren Schichten über einander. Dieser Pilz
ist den Obstbäumen schon dadurch schädlich, da er durch sein
Erscheinen selbst einen schon krankhaften Zustand der Bäume
kundgiebt; sie müssen daher überall, wo man sie findet, von den
Bäumen ausgeschnitten und diese Schnittwunden mit Baumkitt
verstrichen werden.

Der **Krebs und Brand.** Diese beiden entstehen so ziem=
lich aus den gleichen Ursachen durch einen zu schnellen Tempe=

raturwechsel, eine zu starke Düngung besonders mit frischem Mist, durch äußere Beschädigung und Verwundungen, am häufigsten aber findet man die Krebskrankheit an Bäumen in tief liegenden und feuchten Gegenden. Das Wachsthum der mit diesen Krankheiten befallenen Bäume ist gehemmt, die kranken Theile der Rinde werden dunkler, schwärzlich, mehr erhaben und an der Sonnenseite aufgerissen. Der Brand unterscheidet sich von dem Krebs dadurch, daß dieser nur an einigen Stellen des Baumes erscheint, während der letztere nach und nach den ganzen Baum einnimmt und an dem großen Knoten an dem Stamm leicht zu erkennen ist. Man schneidet diese aufgerissenen Rindenstücke bis auf die gesunden Theile aus und bedeckt diese Wunden mit Baumkitt.

Die **Mooskrankheit,** welche sich öfters schon an den noch jüngeren, mehr noch aber an den älteren Obstbäumen besonders in Niederungen, auf einem mehr feuchten Boden, oder da, wo die Bäume sehr nahe gepflanzt sind, einfindet, übt einen sehr nachtheiligen Einfluß auf die kräftige Entwickelung, Gesundheit, Fruchtbarkeit und Lebensdauer der damit befallenen Bäume. An den Stämmen und Aesten, überhaupt überall da, wo sich diese verderbliche Krankheit zeigt, muß das daselbst befindliche Moos, die Flechten und auch die dürre, schieferige Rinde mit einem stumpfen Werkzeug fleißig abgeschabt, mit Seifensieder= lauge abgewaschen und die Stämme und stärkeren Aeste der Bäume über Winter mit in Wasser gelöschtem Kalk überstrichen werden. Die äußere Rinde des Stammes und der Aeste muß durch eine solche Pflege stets rein und glänzend erhalten werden. Moose, Flechten und dürre, schieferige Rinde bilden noch über= dies einen sehr bequemen Aufenthalt für die schädlichen Insekten und die Unterbringung ihrer Bruten.

Die **Pilzkrankheit, weißer Schimmel,** findet sich häufig an den Blättern und den jüngeren Austrieben der Pfirsich=, Aprikosen= und Pflaumenbäume. Dieser weiße Ueberzug ist ein kleiner Schimmelpilz, Oidium monilioides Fr. O. Persicae Tuck. Die Fäden dieses Pilzes sind doppelter Art: die einen desselben sind veräſtet, nach allen Seiten auf dem damit befallenen Laube hinkriechend, die anderen mit 3—4 Keimzellen aufrecht ſtehend. Das Beſtreuen mit gepulvertem Schwefel mit einem Blaſebalg oder einer Streubüchſe, wie dies bei der Weinkrankheit angewendet wird, auch das Beſchatten und Beſprengen mit Kalkwaſſer mehrere Tage hindurch fortgeſetzt, leiſtet recht gute Dienſte. — Außer dieſem Pilz leiden auch die Früchte des Pfirſichbaumes an einer eigenthümlichen Ausſchlagskrankheit, Erineum maculans, die Früchte erſcheinen durch dieſelbe mit weißen Flecken bedeckt, welche ſie ſehr verunſtalten und nicht entfernt werden können, ohne auch zugleich die Oberhaut mit abzureiben. Gegen dieſe Krankheit ſind bis jetzt keine Mittel bekannt.

Die **Roſtkrankheit.** An den roſtfarbenen Flecken, welche ſich an den Blättern und den jüngeren Zweigen der Bäume bilden, leicht zu erkennen. Die Urſachen dieſer Krankheit ſind entweder ein ſehr ungünſtiger Boden, der die Wurzeln des Baumes nicht genügend zu ernähren vermag, oder dieſe an ihrer Ausbreitung hindert, und oft iſt auch ein ſchneller Temperatur= wechſel im Stande, dieſe Krankheitserſcheinungen hervorzurufen. Eine möglichſt tiefe Auflockerung des Bodens, das Abnehmen eines Theils der auf den Wurzeln lagernden Erdſchichte und die Zumiſchung eines beträchtlichen Theils friſcher, guter und kräftiger Erde ſind die beſten und ſchnellwirkendſten Mittel.

Die **Kräuſelkrankheit, Verdrehung der Blätter,** von welcher die Pfirſich= und Aprikoſenbäume zu leiden haben, ent= ſteht in Folge eines ſchnell eintretenden Temperaturwechſels in dem Frühling, wo dieſe Blätter noch jung und weich ſind und auch durch kleine Inſekten aus der Gattung der Laubmücken, welche die Blattnerve der Mittelrippe anſtechen und ihre Eier in dieſe Oeffnungen einlegen. Es erzeugt ſich eine Art Flaum=

grün, zuletzt weiß, der Rand des Blattes krümmt sich zusammen und es entsteht dadurch eine Verdrehung derselben. Man schneidet diese verdrehten und angestochenen Blätter mit einer Scheere ab, verbrennt diese und läßt die Blattstiele der Blätter an den Zweigen stehen.

Wunden und andere **Beschädigungen** an den Stämmen, Aesten und Zweigen, durch verschiedene Veranlassungen herbei= geführt, müssen sogleich bis auf die gesunden Theile ausge= schnitten, größere Schnittwunden mit Baumkitt ausgefüllt, die kleineren mit Pfropfwachs überstrichen werden. — An Bäumen, welche durch Frost gelitten, müssen schon zeitig in dem Frühling nicht nur die erfrorenen, sondern auch die halb erfrorenen Aeste und Zweige bis auf die gesunden Theile zurück geschnitten wer= den. Zugleich wird auch die Erde in einem größeren Umkreise um den Stamm möglichst tief aufgelockert und den Bäumen auch der größere Theil ihrer Fruchtknospen ausgebrochen, um die Kräfte derselben nicht zu sehr zu erschöpfen. Ist die Rinde dieser Bäume durch die Kälte geborsten, so müssen diese Risse sogleich mit Baumkitt ausgefüllt und die Bäume sehr fleißig mit kaltem Wasser überspritzt werden.

Die schädlichen und nützlichen Thiere der Obstbäume.

Der Obstbaum hat auch viele Feinde, zu fast allen Zeiten legen Schmetterlinge, Fliegen und Käfer ihre vielen Eier an die verschiedenen Theile der Bäume, aus welchen in dem Frühling, während sich die Knospen entwickeln, auch zugleich eine große Anzahl Raupen, Maden und Larven auskriechen, um ihr schreck= liches Zerstörungswerk an Knospen, Blättern, Blüthen und Früchten zu beginnen. Nach einer längeren und kürzeren Zeit verpuppen sich dieselben unter dem abgefallenen Laub, der auf= gerissenen Rinde, in den Ritzen, unter dem Moos und Flechten der Bäume und Sträucher, an Baumpfählen, den Spalieren,

Mauern, Planken und unter der Erde. Aus diesen Verpuppun=
gen erscheinen früher oder später wieder Schmetterlinge, Fliegen
und Käfer, um sich zu paaren und neue Eier zu legen.

Ungünstige Witterung, wie anhaltender Regen, viele Ge=
witter, heftige Kälte, Ueberfluthungen rc. vernichten Tausende
dieser schädlichen Insekten, das bei ihrer grenzenlosen Vermeh=
rung nicht viel heißen mag, da ein einziges Weibchen im Stande
ist, mehrere Hunderte, ja Tausende von Eiern hervorzubringen.
Zu der Verminderung dieser schädlichen Insekten hat man im
Allgemeinen mancherlei Mittel in Vorschlag gebracht, unter
welchen die folgenden wohl die wirksamsten und zweckmäßigsten
sind. Zu jeder Jahreszeit, hauptsächlich aber in dem Frühling
suche man die Raupen, ihre Nester und Puppen fleißig auf und
vernichte diese. Schon zeitig in dem Frühling reinige man die
Obstgärten und auch die einzeln stehenden Obstbäume und
Sträucher von dem unter ihnen liegenden Laub und anderem
Geniste und verbrenne dasselbe. An der Rinde der Bäume
dulde man keine Splitter, dürre Rindenstücke, Ritzen, Moos und
Flechten. Man bearbeite die Erde unter den Bäumen und
Sträuchern in dem Herbst und Frühling fleißig um, viele In=
sektenlarven und Puppen werden dadurch nach Oben gebracht
und durch die Winterwitterung vernichtet oder von den Vögeln
aufgezehrt. Aeltere, abgängige Bäume, besonders wenn diese
von Holzwürmern bewohnt sind, müssen, nachdem diese aus dem
Boden ausgenommen wurden, aus den Obstgärten fortgeschafft
und auch sogleich ihre Rinde abgestreift und verbrannt werden.
Leider wird noch überall darin gefehlt, daß man diese Holz=
stämme und größeren Aeste zum Austrocknen oder zu der Auf=
bewahrung für späteren Gebrauch hinter Holzschuppen, Scheunen
oder in den Ecken des Gartens aufstellt, da haben die darin
steckenden Würmer gute Zeit, sich zu entwickeln und der ausge=
schlüpfte Käfer fliegt wieder an frische Stämme. Gegen den
gefährlichsten Feind des Obstbaumes, den Frostnachtschmetterling,

Frost- und Winterspanner, Blüschenwickler, Phalaena geome-
tra brumata, müssen die Bäume und ihre Pfähle schon in
dem September mit Theergürtel umbunden werden, welche bis
zu dem Monat Juni daselbst verbleiben müssen. In der Nähe
dieser Bäume steckt man gleichzeitig einige niedere Reiser, an
welchen die weiblichen Schmetterlinge ihre Eier absetzen können,
und verbrennt gegen den Frühling hin diese Reiser mit den
daran befindlichen Eiern. Besonders aber suche man die Vögel
und andere nützlichen Thiere, welche sich von Raupen, Puppen
und Eiern schädlicher Insekten nähren, auf alle mögliche Weise
zu schützen und ihnen den Aufenthalt in den Obstgärten
angenehm zu machen, denn der Nutzen, welchen sie bei dem
Gartenbau, der Land- und Forstwirthschaft alljährlich einbringen,
ist unendlich groß, trotzdem werden noch viele Tausende von
ihnen eingefangen, verfolgt und getödtet. Man denke nur an
die grausamen Verfolgungen derjenigen Vögel, welche selbst über
Winter in unserer Nähe bleiben, um uns Beistand gegen die
Feinde unserer Gartenfrüchte zu leisten, wie die Sperlinge,
Finken und Meisen, welche diese um einige Früchtenkörner
und Kirschen, die sie zu einer Zeit rauben, wo nichts Anderes
zu finden ist, zu erdulden haben, und doch füttern selbst auch
die Sperlinge ihre Jungen mit kleinen Räupchen auf, zu deren
Unterhaltung sie wöchentlich mehr denn 2 Tausend Raupen bedürfen. Außer den kleineren Vögeln, welche sich gänzlich oder
während ihrer Brütezeit von schädlichen Insekten nähren, wie
alle Grasmücken, Drosseln, Fliegenfänger, Rohr-
fänger, Braunellen, Bachstelzen, Goldhähnchen,
Steinschmätzer, Piper, Lerchen, Ammern, Schwalben,
Baumläufer, Mauerspechte, Amseln ꝛc. und außer dem
Kukuk, Wiedehopf, Bussarde ꝛc. sind auch einzelne Eulen-
arten, sowie Staare, Dohlen, Saatkrähen, Heher,
Würger sehr nützlich und zeichnen sich durch die Vertilgung
schädlicher Thiere sehr vortheilhaft aus.

Verständige Obstzüchter und Gärtner 2c. waren deßhalb von jeher bedacht, durch eine vermehrte Aufstellung von sogenannten Staarenkästen diese kleinen gefiederten Thiere in einer größeren Anzahl in ihre Gärten zu locken und sie daselbst auch zu er- halten, zu welchem Zwecke sich die in neuerer Zeit empfohlenen künstlichen Brütekästchen sehr vorzüglich eignen. Es sind dies ganz kleine Kistchen, von leichten Brettchen zusammen gefügt, und mit einer Oeffnung versehen, welche nicht größer sein darf, als daß ein kleiner Vogel bequem durchschlüpfen kann. Außen werden sie mit Baumrinde, Moose, Flechten 2c. überkleidet und sodann zwischen oder an den Aesten unter dem Blattgewölbe der Bäume derart befestigt, daß diese Brütekästen einem abge- nommenen Ast des Baumes gleichen, von welchem noch ein Theil übrig geblieben ist. Diese Kästchen sind möglichst natur- getreu herzustellen, wenn sie die Vögel als ihre Wohnung be- ziehen sollen.

Auch die anderen Abtheilungen des Thierreiches enthalten eine Menge sehr nützlicher Thiere, wie die Laufkäfer, Weich- käfer, Buntkäfer, Blattlauskäfer, Schlupfwespen, Spinnen 2c. — Die Ringelnattern, Eidechsen, Sala- mander, Frösche, Kröten 2c. — Die Fledermäuse, Maulwürfe, Spitzmäuse, Igel, Iltis, Wiesel 2c., welche sich uns durch ihre Vertilgung schädlicher Insekten und größerer schädlichen Thiere sehr nützlich erweisen und gleich den insekten- fressenden Vögeln auf jede Weise geschützt werden sollten.

Die Einerntung und Benutzung des Obstes.

Einerntung des Obstes. Zu der Abnahme des Obstes wählt man womöglich helle und sonnige Tage und beginnt erst dann damit, wenn die Früchte von Thau nicht mehr befeuchtet sind, da sie feucht oder bei Regen eingebracht, sich weniger gut aufbewahren lassen. Die im Sommer reifenden Kernobstsorten,

das Sommerobst, nimmt man einige Tage vor der vollen
Reife, die in dem Herbst zeitigenden Früchte pflückt man
kernreif von den Bäumen, und läßt sie auf reinlichem Lager
in hellen und luftigen Räumen nachreifen; dagegen soll das
Winter=Kernobst nur kernreif und nicht allzufrühe, womöglich
nicht vor dem Ende des Oktober eingeerntet werden.

Alles Obst, das eine längere Zeit aufbewahrt werden soll,
muß mit möglichster Schonung und dem daran befindlichen
Fruchtstiel abgepflückt, in Handkörbe gelegt und nach Hause ge=
tragen werden. Bei dem Wirthschaftsobst verhindert die oft
beträchtliche Menge, die Einerntung nur an gewissen Stunden
des Tages vorzunehmen, man schüttet es daher in vollkommen
reifem Zustande von den Bäumen. Will man dasselbe aber zu
einer späteren Benutzung aufbewahren, wie dies mit dem Winter=
obst geschieht, so muß auch dieses sorgfältig gebrochen und nicht
herum geworfen werden. Sorgfältig abgepflückt, bringt man
das Kernobst zuerst in helle, luftige Räume, allwo es sorten=
weise, doch nicht sehr hoch aufgeschichtet wird, bis man dasselbe
mit dem Eintritt von Frost auf reinliche und trockene Horden
in trockenem, luftigem Keller, frostfreien Gewölben oder in Obst=
kammern; welche bei strenger Kälte geheizt werden können,
unterbringt.

Benutzung des Obstes. Das Obst bildet, in welchem
Zustand dasselbe auch verwendet wird, ein sehr wichtiges und
gesundes Nahrungsmittel; ist viel Obst vorhanden, wird weniger
Brot gebraucht, es ist ferner roh und gewelkt ein sehr beträcht=
licher Handelsartikel, welcher in manchen Jahren bedeutende
Erträge abwirft. Man verspeist das Obst roh, gekocht, gedörrt,
eingemacht; bereitet aus demselben Syrup, Branntwein, Obst=
wein, Essig ꝛc. Die wichtigste Benutzung des Obstes ist die zu
Dörrobst und Obstwein.

Um schönes, schmackhaftes und süßes **Dörrobst** zu erhalten,
muß man nie unreife oder beschädigte, sondern nur ganz voll=

kommen ausgereifte Früchte auswählen, die, nachdem dieselben von den Bäumen abgenommen wurden, noch einige Tage in hellen und luftigen Räumen zum Abdünsten ausgelegt werden. Diese Früchte sollen nicht überreif sein, noch dürfen diese so lange in diesen Lagerräumen aufbewahrt werden, bis sie, wie dies bei den Birnen häufig vorkommt, innen bräunlich und weich geworden sind. Zu dem Welken eignen sich von dem Kernobst die etwas trockenen, nicht zu saftreichen Früchte am besten. Sehr süße und saftreiche Birnen geben zwar sehr gutes Dörrobst, dasselbe erfordert aber bei seiner Bereitung mehr Mühe und Zeit und entbehrt auch jenes angenehmen und kräftigen Geschmacks, der den mehr trockenen, nicht zu saftreichen Früchten zukommt. Süße Aepfel welken nicht so leicht und schnell, wie die sauren, aber beide erhalten nie den angenehmen Geschmack, welche gedörrt jene annehmen, welche die beiden Eigenschaften vereinigt besitzen.

Zu dem **Welken des Kernobstes** kann die Darre anfänglich stärker geheizt werden wie zu Steinobst. Bei den Birnen ist sehr darauf zu sehen, daß, sobald diese zu sieden beginnen, die Hitze nicht noch vermehrt, sondern entweder gleichförmig fortgesetzt, am besten aber etwas vermindert werde, das in zweckmäßig eingerichteten Obstdarren leicht dadurch geschehen kann, wenn man die Horden mit diesen Früchten von dem mehr heißen Darrraum hinwegnimmt und sie auf einen nur mäßig erwärmten Raum bringt. Ein mehr langsames Dörren oder das Erkalten des Obstes in dem Ofen giebt ein mehr saures Dörrobst von schlechter Farbe, wo hingegen ein mehr schnelles Abdörren und ein mehrmaliges schnelles Erkalten an der freien Luft süßes, geschmackhaftes und schönes glänzendes Obst erzeugt. Alles Obst, das zu lange oder in sehr heißen Räumen ohne eine Unterbrechung durch ein öfteres Erkalten an der Luft abgedörrt wird, wird hart und zähe verliert seine Schmackhaftigkeit und seinen Werth für die Küche. Kernobst, das so weit

abgedörrt ist, daß dessen innere Theile bei starkem Zusammen=
drücken keine Feuchtigkeit mehr von sich geben, wird als voll=
ständig gedörrt aus dem Darrofen genommen, und bevor dasselbe
aufbewahrt werden soll, in hellen, luftigen Räumen zum Aus=
dünsten einige Tage aus einander gelegt. — Bei dem **Welken
des Steinobstes**, besonders den Kirschen, muß sehr vorsichtig
verfahren werden, wenn man schöne, verkäufliche Waare er=
halten will. Die gedörrten Kirschen sollen einen schönen Firniß=
glanz haben, dabei saftig und nicht zu sehr ausgetrocknet sein.
Man nehme diese Früchte nur bei einer ganz guten Witterung,
am besten gestrüppt (ohne Stiele) von den Bäumen und bringt
sie hierauf in trockene, luftige und helle Räume, dünn aus
einander gelegt, zum Abtrocknen und läßt sie daselbst einige Zeit
liegen. Soll sodann mit dem Welken begonnen werden, so
heize man die Darre anfänglich nur schwach, damit die Früchte
nicht auslaufen und ihren meisten Saft verlieren; sobald sie
aber runzlich werden, wird das Feuer verstärkt. Für diese
Früchte ist es besser, wenn sie in dem Darrofen nicht zu sehr
gedörrt werden und man diese in der Sonne noch etwas nach=
trocknen läßt. Wo es jedoch an Zeit und Gelegenheit hierzu
fehlt, oder durch ungünstige Witterung an diesem Abtrocknen
verhindert wird, dörrt man sie gegen das Ende mit nur
schwachem Feuer aus. Die gedörrten Kirschen müssen kalt noch
etwas weich sein; sobald daher die Runzeln der gewelkten
Früchte scharf und nicht mehr rund sind, nimmt man sie schnell
aus dem Ofen und läßt sie an der Luft erkalten, sie erhalten
dadurch einen sehr schönen Glanz. Läßt man das Feuer in
dem Ofen ausgehen und die Kirschen daselbst erkalten, so wer=
den sie blaß, wie mit Duft belegt. Tritt dieser Fall ein, so
muß man das Feuer wieder annachen, daß diese Früchte in dem
Ofen wieder warm werden, worauf man sie schnell heraus=
nimmt und an die frische Luft bringt.

Zwetschgen, welche gewelkt werden sollen, läßt man am besten so lange an den Bäumen, bis ihre Schalen an den Stielen runzlich werden. Die wurmstichigen Früchte fallen während dieser Zeit ab und man erhält sodann bei der Einerntung nur schöne und gesunde Früchte, die man gleich den Kirschen vorerst in hellen, luftigen Räumen, zum Abdünsten aus einander breitet. Mit der Feuerung beginnt man wie bei diesen anfänglich nur schwach, damit diese Früchte weder auslaufen, noch blasig oder verbrannt werden; sobald aber ihre Schalen immer mehr zu= sammenrunzeln, wird die Hitze nach und nach verstärkt. Sind endlich diese Runzeln mehr scharf denn rund, nimmt man sie aus dem Ofen und bringt sie schnell an die Luft. Auch die Zwetschgen dürfen in dem Ofen nicht erkalten, wenn sie eine schöne schwarze Farbe und einen schönen Glanz erhalten sollen.

Welken des Obstes in Frankreich. Die zur Umwand= lung in gedrücktem Zustand (gedrückte Birnen) geeignetsten Birnen sind die englische Butterbirne, Rousselet von Rheims und die trockene Martinsbirne, welche kurze Zeit vor ihrer vollen Reife von den Bäumen abgenommen werden. Die ge= schälten Birnen, an welchen die Stiele verbleiben müssen, legt man mit aufwärts gerichteten Stielen in große, nur wenig tiefe, mit Henkeln versehene irdene Gefäße neben einander, bis die ganze Grundfläche des Topfes damit bedeckt ist, sodann wird eine zweite, dritte c. Schicht und so fort pyramidenförmig über einander gelegt, wobei jedoch der Bruch der Stiele sehr sorg= fältig zu vermeiden ist. Sind diese Geschirre hinlänglich gefüllt, so gießt man ein Glas Wasser über die Birnen, damit die zu unterst auf dem Boden liegenden nicht ankleben und legt über diese Birnen alle Schalen, wodurch diese Früchte einen ange= nehmen Geschmack erhalten. Diese Fruchttöpfe stellt man bei dem Brodbacken gleichzeitig mit dem Brod in einen heißen Back= ofen und nimmt sie auch gleichzeitig mit dem Brod wieder heraus. Hierauf nimmt man die Schalen von den Birnen sorgfältig hinweg und die Birnen aus dem Saft in dem Topf heraus,

setzt dieselben auf reinliche Horden und stellt sie nach der Ent=
fernung des Brodes wieder in den Backofen. Nach 24 Stunden
nimmt man sie heraus, läßt sie erkalten, drückt sie mit der Hand
etwas breit, wodurch sie jene flache Gestalt annehmen, nach
welcher sie genannt werden, und taucht sie, an den Stielen ge=
halten, in den abgelaufenen Saft, worauf sie auf Horden flach
und dicht neben einander angelegt, an dem folgenden Tage zum
letzten Male in den Backofen gebracht werden, in welchem sie
sodann den ihnen erforderlichen Festigkeitsgrad erreichen. Sie
erhalten sodann eine glänzend braunrothe Farbe, festes, zucker=
süßes Fleisch und können ohne alle Zubereitung oder auch ein=
gemacht verspeist werden. In der Gegend von Rheims wird
das gedörrte Obst besonders sorgfältig behandelt, man legt da=
selbst die bekannte Sommerbirne Rousselet von Rheims geschält
auf Horden, die mit feinem Zucker bestreut sind, auf den Kelch
und trocknet sie langsam in einem nur schwach erwärmten Ofen.
Die Birnen werden einige Male umgewendet, wobei immer
feiner Zucker unterstreut wird, mit welchem die Früchte gänzlich
überzogen werden, so daß sie wie krystallisirt aussehen. Sind
die Birnen dergestalt getrocknet und in einem warmen Zimmer
einige Tage abgewelkt, verpackt man sie in kleinen Kisten oder
in Schachteln, zwischen reinlichem Papier schichtenweise eingelegt,
dicht an einander.

    Zu den gedrückten, gedörrten Aepfeln wählt man Apfelsorten
mit mehr festerem Fleisch, welche sodann auf dieselbe Weise wie
die gedrückten Birnen zubereitet werden. Sind die Früchte
halb gedörrt, werden sie mit den Fingern flach gedrückt und
sodann wiederholt in den Ofen gebracht. Die schönsten welken
Früchte werden in geflochtenen Weidenkörben mit weißem Papier
ausgelegt, geringere Sorten in Fässer oder Kisten versendet.

    Die unter dem Namen: Prünellen aus der Provence kom=
menden getrockneten Pflaumen ohne Steine werden auf die
gleiche Weise in den Obstdarren gewelkt, wie dies bei unsern

Zwetschgen geschieht, und halbgetrocknet ihre Steine ausgedrückt. Die Früchte: Wahrer weißer Perdrigon, Perdrigon blanc, gelbe Mirabelle, Mirabelle jaune, große grüne Reineclaude, Reine-claude verte, Cöes Goldpflaume, Prumier goutte d'or de Coe etc. sind hierzu sehr gut zu gebrauchen.

Obstmost, Apfelwein, Cyder. Wie bekannt, bereitet man den Obstwein dadurch, daß die dazu bestimmten Früchte auf einer Obstmühle zermahlen und hierauf in besonderen Pressen ausgepreßt werden. Der hierdurch gewonnene Saft wird hierauf auf reinliche Fässer gefüllt und der Gährung überlassen, welche als vollendet betrachtet wird, wenn der Obstwein keine Hefe mehr aufstößt und hell geworden ist. Daß nun aber die Güte und Haltbarkeit des auf diese Weise bereiteten Obstweins von der Qualität der hierzu verwendeten Obstsorten abhängt, bedarf keines Beweises und es ist daher nicht gleichgültig, welche Früchte und in welchem Zustande diese zur Obstwein-Bereitung verwendet werden. Das noch nicht völlig reife Obst ist sauer, herb und schlecht, weil in ihm der Zuckerstoff noch nicht vollständig ausgebildet ist, welcher den reifen Früchten ihre Süßigkeit und ihren Wohlgeschmack verleiht. In der unreifen Frucht ist nämlich neben der Säure, welche sie besitzt, auch eine größere Menge, 18—20% Stärkemehl vorhanden, das, je mehr die Frucht in ihrer Reife vorschreitet, immer weniger, während der Zuckerstoff, in welchem sich dieses Stärkemehl nach und nach verwandelt, immer größer wird. Diese in der unreifen Frucht nach und nach eintretende Verwandlung des Stärkemehls in Zucker ist es, was wir das Reifen der Früchte nennen. Da nun aber bei sehr vielen Obstsorten die vollständige Reife der Früchte erst auf dem Lager eintritt, so leuchtet es wohl von selbst ein, daß derjenige Obstwein, zu welchem die Früchte schon frühzeitig von den Bäumen hinweggenommen, mithin unreife Früchte gekeltert werden, weit weniger Zuckergehalt besitzen müsse, als ein anderer, welcher aus vollkommen ausgereiften

Früchten bereitet wird. Dieser Zuckergehalt des Obstweins ist nun aber für denselben sehr wichtig, weil in allen geistigen Getränken, dem Obst= wie dem Traubenwein, der Geist durch die Gährung aus dem Zucker entsteht, welcher in dem süßen Most enthalten ist. Habich empfiehlt: einem Ohm süßem Obstmost 1 Ohm Wasser zuzusetzen, in welchem 48—50 Pfund Traubenzucker aufgelöst sind und nach Beendigung der Haupt= gährung den trüben Obstwein auf ein Faß zu bringen, das mit wohlausgelaugten buchenen Holzspähnen gefüllt ist. Der Wein kläre sich hier außerordentlich rasch, indem sich die Hefentheile fest an die Wandungen der Spähne anlegen und dadurch die weitere Gährung verzögert werde.

Verzeichniß der zur Pflanzung in Frankreich besonders beliebten Obstsorten.

Aepfel-Varietäten.

Alexandre de Russie, Kaiser Alexander von Rußland. Frucht sehr groß, gelb, rothgestreift, vorzüglich schön und werthvoll. 1. Rang. Reift: Oktober, dauert bis Januar. Baum stark, sehr lebhaft wachsend und sehr fruchtbar, gedeiht selbst in rauhen Gegenden recht gut und eignet sich zu allen Formen.

Bedford'shire Foundling, Niedliche von Bedfort. Fr. sehr groß, fein und saftreich. 1. R. Nov. — März. Baum kräftig und fruchtbar zu allen Formen.

Calville blanche, Weißer Sommer-Calvill. Fr. mittelgroß, grünlichgelb und röthlich, weich. 1. R. Sept. Baum mittelgroß zu Hochstämmen und Pyramiden.

Calville de Sarreguemines. Fr. mittelgroß, sehr schön. 1. R. Jan. — März. Baum mittelstark und fruchtbar zu allen Formen.

Calville golden drop, Court of Wich. Fr. klein. 2. R. Febr. Baum mittelstark und fruchtbar zu allen Formen.

Calville Gravensteiner, Gräfensteiner. Fr. ziemlich groß, gelb und roth gestreift. 1., 2. u. 3. R. Eine zu jedem Gebrauche vorzügliche Frucht. Sept. Oft. — Dez. Baum groß, lebhaft wachsend, sehr fruchtbar, gedeiht auch in rauhen Gegenden und eignet sich zu allen Formen.

Calville Saint-Sauveur. Fr. groß, sehr schön. 1. R. Jan. — Mai. Baum kräftig und fruchtbar.

Mignonne d'hiver. Fr. klein und schmelzend. 2. R. Dez. — April. Baum mittelstark, sehr fruchtbar zu allen Formen.

Reinette court pendu rose, Königlicher rother Kurzstiel. Fr. ziemlich groß, gelb, rothgestreift. 1., 2. u. 3. R. Dez. — April. Baum mittelgroß, starkwachsend und fruchtbar, gedeiht auch in rauhen Gegenden recht gut, eignet sich zu allen Formen, besonders für den horizontalen Cordon.

Reinette d'Angleterre, **Englische Winter-Reinette.** Fr. groß, gelb, leicht geröthet, vorzüglich schön. 1., 2. u. 3. R. Nov. — März. Baum lebhaft wachsend, früh und reichlich tragend, auch für rauhe Gegenden und zu allen Formen.

Reinette d'Orange, **Citronenapfel.** Fr. ziemlich groß, citronen= und dunkel= gelb, sehr gewürzhaft und weinsäuerlich. 1. R. Vorzüglich zu Apfelwein. Sept. — Nov. Baum groß, ziemlich stark, treibt spät und ist sehr fruchtbar.

Reinette du Canada grosse, **Große Reinette von Canada.** Fr. ziemlich groß, hellgelb. 1., 2. u. 3. R. Dez. bis Sommer. Baum groß und stark, sehr fruchtbar und dies auch in rauhen Gegenden, zu Hochstämmen und Py= ramiden.

Reinette de Chaux, **Reinette von Chaux.** Fr. sehr groß, grünlich gelb, sehr schön. 1. R. Nov. — Dez. Baum kräftig und sehr fruchtbar und dies besonders als Pyramide.

Reinette franches à côtes, **Gerippte französische Reinette.** Fr. mittel= groß, vorzüglich gut. 1. R. Dez. Baum kräftig und fruchtbar.

Reinette grise, **Graue Reinette.** Fr. mittelgroß, gelblichgrau und braunroth. 1., 2. u. 3. R. Besonders zu Apfelwein. Nov. Dauert 1 Jahr. Baum kräftig, sehr fruchtbar und nicht empfindlich.

Reinette Lineous Pepin. Fr. groß und schön. 1. u. 2. R. Dez. — Jan. Baum kräftig und sehr fruchtbar, zu Hochstämmen und Pyramiden.

Reinette tardive, **Späte Reinette.** Fr. mittelgroß, vorzüglich gut. 1. R. April — Juni. Baum kräftig und fruchtbar.

Reinette Thouin. Fr. mittelgroß, sehr schön. 1. R. Dez. — Febr. Baum kräftig und fruchtbar.

Aepfel-Varietäten für Pyramiden.

Alexandre, **Kaiser von Rußland.** S. oben.

Api rose petit, **Kleiner Apiapfel.** Fr. klein, sehr hübsch, knackend. 1. R. Jan. Baum schwächlich, sehr fruchtbar zu Pyramiden und Cordon.

Bedford'shire Foundling. S. oben.

Belle Josephine, **Hausmütterchen.** Fr. groß und schön. 1. R. Nov. — Dez. Baum kräftig und sehr fruchtbar.

Borowsky. Fr. groß, vorzüglich gut. 1. R. Aug. Baum kräftig und fruchtbar.

Calville court pendu rose, **Königlicher rother Kurzstiel.** S. oben.

Calville rouge d'hiver, **Rother Winter-Calvill.** Fr. ziemlich groß, gelb, hellroth gestrichelt und bemalt. 1. u. 2. R. Nov. — Dez. bis Frühling. Baum mittelgroß und fruchtbar.

Calville Gravensteiner. S. oben.

De Boutigny. — De Madere. — Grandmère.

Reinette des Reinettes, **Königin der Reinetten.** Fr. mittelgroß, sehr schön. 1. R. März — April. Baum ziemlich kräftig und fruchtbar.

Reinette de Chaux, Reinette von Chaux. S. oben.

Reinette dorée, Syn. R. jaune, Französische Gold=Reinette. Fr. mit= telgroß und größer, citronen= und dunklergelb. 1. u. 2. R. Okt. Baum kräf= tig und sehr fruchtbar.

Reinette franches à côtes, Gerippte französische Reinette. S. oben.

Aepfel=Varietäten an Spalieren in südlicher Lage.

Api rose petit, Kleiner Api=Apfel. S. oben.

Calville blanche, Weißer Sommer=Calvill. S. oben.

Calville rouge d'été, Weißer Sommer=Calvill. Fr. mittelgroß, plattrund, karmoisinroth. 1. R. Aug. Baum mittelgroß, früh und reichlich fruchtbar.

Calville Saint-Sauveur. S. oben.

Reinette dorée, Französische Gold=Reinette. S. oben.

Reinette du Canada, Große Reinette von Canada. S. oben.

Reinette franches à côtes, Gerippte französische Reinette. S. oben.

Birnen=Varietäten.

Barone de Mello. Fr. groß, fein und schmelzend. 1. R. Okt. — Nov. Baum kräftig und sehr fruchtbar zu allen Formen.

Belle Angevine, Syn. Angora. Fr. sehr groß, länglich, oft 3 Pfund schwer, knackend, gekocht 1. R., roh 2. R. Juni. Baum ziemlich kräftig und fruchtbar, zu Hochstämmen und Pyramiden auf kräftigem, zu Spalieren auf weniger fruchtbarem Boden.

Bergamotte d'Esperen. Fr. ziemlich groß und schön, schmelzend, allererster R. März — April. Baum sehr kräftig und sehr fruchtbar zu Hochstämmen und Pyramiden.

Beurré Bosc, Bosc's Butterbirne. Fr. groß, länglich, schmelzend. 1. R. Okt. Baum kräftig und fruchtbar zu Hochstämmen und Pyramiden.

Beurré de Beaumont. Fr. mittelgroß, kreiselförmig, schmelzend. 1. R. Jan. Febr. Baum mittelstark, kräftig und fruchtbar zu Hochstämmen und Py= ramiden.

Beurré Diel, Diel's Butterbirne. Fr. groß, unregelmäßig geformt, gelblich= grün, schmelzend, sehr vorzüglich. 1. R. Nov. — Jan. Baum groß, früh und reichlich fruchtbar, in geschützter Lage und auf gutem Boden zu allen Formen.

Beurré Dumortier (v. M.). Fr. groß, unregelmäßig, schmelzend. 1. R. Nov. Dez. Baum kräftig und fruchtbar zu allen Formen.

Beurré gris d'hiver nouveau, Neue graue Winter=Butterbirne. Fr. groß, plattrund. 1. R. Jan. — März. Baum kräftig und sehr fruchtbar zu allen Formen.

Beurré Hardy. Fr. groß, fein und schmelzend. 1. R. Febr. Baum kräftig und sehr fruchtbar zu allen Formen, besonders zu Pyramiden und Spalieren.

Beurré d'Ferier. Fr. mittelgroß, fein. 1. R. Febr. Baum kräftig und sehr fruchtbar.

Beurré Sterkmann. Fr. ziemlich groß, rundlich, halbfein und saftig. 1. R. Dez.—Jan. Baum kräftig, ist auf gutem Boden und in einer guten Lage in allen Formen sehr fruchtbar.

Beurré superfine. Fr. groß und schön, schmelzend. 1. R. Sept. Baum kräftig und fruchtbar zu allen Formen.

Bon chrétien Napoleon, Napoleon's gute Christbirne. Fr. groß, dick, platt, gelblichgrün und citronengelb, sehr vorzüglich. 1. R. Okt.—Nov. Baum mittelstark, in allen Formen früh und reichlich fruchtbar, verlangt aber guten und kräftigen Boden.

Bon chrétien Williams. Fr. groß, kreiselförmig, schmelzend, allererster R. Sept. Baum kräftig und sehr fruchtbar zu allen Formen.

Bonne de Malines, Syn. Colmar Nelis. Fr. mittelgroß, kreiselförmig, schmelzend. 1. R. Jan. Baum kräftig und sehr fruchtbar.

Colmar de Mars. Fr. ziemlich groß, schön. 1. R. März. Baum kräftig und reichlich fruchtbar.

Conseiller à la Cour (v. M.) Fr. sehr groß und dick, pyramidenförmig, schmelzend. 1. R. Nov. Baum kräftig und fruchtbar zu allen Formen.

Delices d'Hartenpont. Fr. mittelgroß, kreiselförmig, schmelzend, allererster R. Okt.—Nov. Baum mittelgroß, sehr fruchtbar zu allen Formen.

Doyenné d'Alençon d'hiver. Fr. mittelgroß, oval, schmelzend. 1. R. Dez. März. Baum kräftig und sehr fruchtbar.

Fondante de Malines (Esperen). Fr. groß, oval, schmelzend. 1. R. Nov. Baum kräftig und fruchtbar, auch zu Pyramiden und Spalieren.

Fondante de Noël. Fr. mittelgroß, dick und schmelzend. 1. R. Dez.—Jan. Baum mittelgroß, kräftig und fruchtbar, auch zu Pyramiden und Spalieren.

Louise Bonne d'Avranches. Fr. mittelgroß, kreiselförmig, schmelzend. 1. R. Sept.—Okt. Baum kräftig und sehr fruchtbar zu allen Formen.

Nec plus mures. Fr. groß, unregelmäßig, oval, schmelzend, allererster R. Dez. Jan. Baum nur wenig kräftig, zu Pyramiden und Spalieren.

Passe Colmar (Hardenpont). Fr. groß, dick, kreiselförmig, schmelzend und sehr gewürzhaft. 1. R. Dez.—Febr. Baum mittelgroß, kräftig und sehr fruchtbar.

Rousselet de Rheims, Rousselet von Rheims. Fr. mittelgroß, birnenförmig, hellgelb und röthlich, saftig, zart und schmelzend. 1., 2. u. 3. R. Besonders zum Dörren. Sept. Baum ziemlich stark, trägt erst in späteren Jahren reichlich, verlangt einen guten fruchtbaren Boden und geschützte Lage.

Triomph de Jodoigne. Fr. groß, dick, kreiselförmig, schmelzend. 1. R. Nov. Dez. Baum kräftig und sehr fruchtbar zu allen Formen.

Van Mons, Syn. Leon Leclerc. Fr. sehr dick, oval, birnenförmig, schmelzend, allererster R. Nov. Baum mittelgroß und sehr fruchtbar zu allen Formen.

Birnen-Varietäten für eine Lage gegen Norden, auch für unsere klimatischen Verhältnisse sehr werthvoll.

Beurré Benoit. Fr. mittelgroß, schmelzend. 1. R. Sept. Baum mittelstark und fruchtbar zu Pyramiden und Spalieren.

Beurré Diel, Diels Butterbirne. S. oben.

Beurré d'Aremberg, Die Aremberg. Fr. ziemlich groß, unregelmäßig, birnenförmig, allererster R. Nov.—Febr. Baum ziemlich kräftig zu Pyramiden und Spalieren, an diesen letzteren besonders fruchtbar.

Beurré d'Hartenpont, Syn. Glout morçeau. Fr. sehr groß, birnenförmig, allererster R. Dez. — Febr. Baum kräftig und sehr fruchtbar zu allen Formen.

Beurré de Lucon, Syn. Beurré gris d'hiver nouveau. S. oben.

Beurré Hardy. S. oben.

Bon chrétien Williams. S. oben.

Bon chrétien d'Eté. Fr. ziemlich groß, länglich, schmelzend. 1. R. Sept. Baum kräftig und sehr fruchtbar zu Pyramiden und Spalieren.

Bon chrétien d'Espagne. Fr. groß, pyramidenförmig. 2. R., gekocht 1. R. Nov.—Dez. Baum sehr kräftig und sehr fruchtbar zu allen Formen.

Colmar d'Aremberg, Kartoffelbirne. Fr. dick, kreiselförmig, sehr gewürzhaft, allererster R. Nov.—Dez. Baum kräftig und sehr fruchtbar zu Pyramiden und Spalieren.

Delices d'Hartenpont. S. oben.

Doyenné Boussoch, Syn. Beurré de Merode. Fr. groß, dick und schmelzend. 2. R. Okt. Baum sehr kräftig und sehr fruchtbar zu Hochstämmen und Pyramiden.

Doyenné d'hiver, Syn. Bergamotte de Pentecote. Fr. sehr groß, oval, schmelzend, allererster R. Mai. Baum mittelgroß, sehr fruchtbar zu Pyramiden und Spalieren.

Doyenné d'Alençon d'hiver. S. oben.

Louise Bonne d'Avranches. S. oben.

Birnen-Varietäten, welche vermöge ihres mehr regelmäßigen Wuchses in Frankreich zu der Bildung künstlicher Formen verwendet werden und zu Versuchen sehr zu empfehlen sind.

Barone de Mello. S. oben.

Belle épine Dumas, Syn. Epine de Rochoir. Fr. groß, kreiselförmig, schmelzend. 1. R. Okt. Baum kräftig und sehr fruchtbar zu allen Formen.

Bergamotte d'Esperen. S. oben.

Bergamotte Fortune. Fr. mittelgroß, fein, körnig und gewürzhaft. 1. R. März — Mai. Baum kräftig, sehr schön pyramidenförmig zu Pyramiden und Spalieren.

Beurré Benoit. S. oben.

Beurré Clairgeau. Fr. groß, halbschmelzend. 2. R. Baum mittelstark, fruchtbar zu allen Formen.

Beurré Capiaumont, Capiaumont's Herbst=Butterbirne. Fr. groß, birnenförmig, schmelzend. 1. R. Sept. — Nov. Baum sehr kräftig und sehr fruchtbar zu Pyramiden ꝛc.

Beurré Courtelet, Syn. Beurré Quetelet. Fr. groß, mehr platt, schmelzend. 1. R. Okt. — Nov. Baum kräftig und fruchtbar zu allen Formen.

Beurré Diel. S. oben.

Beurré d'Albret. Fr. groß, schmelzend. 1. R. Sept. Baum sehr schwachwüchsig und selbst auf Kernensämlingen zu allen niedrigen Formen.

Beurré d'Amanlis. Fr. groß, kreiselförmig, schmelzend. 1. R. Sept. Baum kräftig und sehr fruchtbar zu allen Formen.

Beurré de Beaumont. S. oben.

Beurré de Lucon. S. oben.

Beurré Giffart. Fr. mittelgroß, kreiselförmig, schmelzend. 1. R. Aug. Baum ziemlich stark mit schlanken Aesten zu allen Formen.

Beurré Hardy. S. oben.

Beurré Millet. Fr. mittelgroß, fein und schmelzend. 1. R. Dez. — Jan. Baum mittelstark zu allen Formen.

Beurré superfine. Fr. groß, schmelzend. 1. R. Sept. Baum mittelstark, kräftig zu allen niedrigen Formen.

Beurré Sterkmann. S. oben.

Beurré St. Nicolas. Fr. mittelgroß, schmelzend. 1. R. Okt. Baum mittelstark zu allen Formen.

Bezi Chaumontel, Wildling von Chaumontel. Fr. mittelgroß, dick und uneben, allererster R. Nov. — Febr. Baum kräftig und sehr fruchtbar zu Hochstämmen und Zwergbäumen.

Bon chrétien de Rans, Syn. Beurré Rans. Fr. ziemlich groß, pyramidenförmig, schmelzend, allererster R. Baum ziemlich kräftig und sehr fruchtbar.

Bon chrétien Napoleon. S. oben.

Bonne (Beurré) de Malines, Syn. Colmar Nelis. S. oben.

Canning, Syn. Doyenné d'hiver. Bergamotte de Pentecote. S. oben.

Colmar d'Aremberg. S. oben.

Doyenné de Juillet, Sommer=Dechantsbirne. Fr. mittelgroß, dick und bauchig, blaßgrün. 1. R. Sept. Baum mittelstark, früh und reichlich fruchtbar.

Doyenné gris, Syn. Doyenné crotte. Fr. ziemlich groß. 1. R. Baum kräftig und schon sehr frühzeitig fruchtbar zu Pyramiden und Spalieren.

Doyenné d'Alençon d'hiver. S. oben.

Doyenné d'hiver. S. oben.

Doyenné Goebault. Fr. mittelgroß, dick und schmelzend. 1. R. Nov. — April. Baum kräftig und sehr fruchtbar.

Duchesse d'Angoulème. Fr. sehr groß. 1. R. Nov. Baum kräftig und fruchtbar und dies besonders als Zwergbaum in gutem Boden und geschützter Lage.

Figue d'Alençon. Fr. ziemlich groß. 1. R. Nov. — Dez. Baum kräftig und sehr fruchtbar zu allen Formen.

Fondante de Noël. S. oben.

Jalousie de Fontenay. Fr. groß, schmelzend. 1. R. Sept. Baum mittelstark und fruchtbar zu allen Formen.

Josephine de Malines. Fr. mittelgroß, kreiselförmig und schmelzend, allererster R. Febr. — April. Baum mittelgroß, kräftig zu allen Formen.

Louise Bonne d'Avranches. S. oben.

Nec plus mures. S. oben.

Passe Colmar, Die Regentin. Fr. groß, kreiselpyramidenförmig, schmelzend, sehr gewürzhaft. 1. R. Baum mittelgroß, kräftig und sehr fruchtbar zu allen Formen.

Passe tardive. Fr. groß, dick und bauchig. 3. R. Dez. Dauert 1 Jahr. Baum mittelgroß, und fruchtbar, an Spalieren gegen Süden.

Seigneur Esperen. Fr. groß, kreiselförmig, sehr schmelzend, allererster R. Okt. Baum kräftig und sehr fruchtbar zu allen Formen.

Triomph de Jodoigny. S. oben.

Birnen-Varietäten von starkem, kräftigem Wuchs, zu der Anzucht dauerhafter Hochstämme besonders geeignet, auch für unsere klimatischen Verhältnisse sehr werthvoll.

Arbe courbé. Fr. groß, kreiselförmig, schmelzend. 1. R. Nov. Baum sehr kräftig, unregelmäßig wachsend.

Belle épine Dumas. S. oben.

Bergamotte d'Esperen. S. oben.

Bergamotte Fortune. S. oben.

Beurré Capiaumont. S. oben.

Beurré Courtelet. S. oben.

Beurré de Amanlis. S. oben.

Beurré d'Angleterre de Noisett, Noisett's englische Butterbirne. Fr. ziemlich groß, kreisel-birnenförmig, allererster R. Sept. — Okt. Baum groß, kräftig und fruchtbar.

Beurré de Beaumont. S. oben.

Beurré d'Hartenpont. S. oben.

Beurré de Lucon. S. oben.

Beurré Diel. S. oben.

Beurré Giffart. S. oben.

Beurré Sterkmann. S. oben.

Beurré superfine. S. oben.

Bezi Chaumontel. S. oben.

Bon chrétien William's. S. oben.

Bon chrétien d'Eté. S. oben.

Bon chrétien Napoleon. S. oben.

Bonne de Malines. S. oben.

Benne d'Ezee. Fr. ziemlich groß, stumpf-birnenförmig und schmelzend. 1. R. Sept. Baum kräftig und sehr fruchtbar.

Broom Park. Fr. mittelgroß, gewürzhaft. 2. R. Jan. — März. Baum stark und fruchtbar.

Cattilac, Syn. Gros Gillot, Großer Katzenkopf. Fr. sehr groß, oval, knackend. Gekocht 1. R. Nov. — Mai. Baum sehr groß, stark und fruchtbar.

Conseiller de la cour. S. oben.

Doyenné Boussoch. S. oben.

Doyenné d'Alençon. S. oben.

Doyenné d'hiver. S. oben.

Doyenné de Juillet. S. oben.

Doyenné gris. S. oben.

Doyenné Goebault. S. oben.

Epargne, Sparbirne. Fr. mittelgroß, fein und schmelzend. 1. R. Aug. Baum kräftig und fruchtbar.

Fondante de Chareux, Köstliche von Charneu. Fr. groß und dick, rippig. citronengelb. 1. R. Oct. — Nov. Baum mittelgroß, sehr fruchtbar und nicht empfindlich.

Fondante de Malines. S. oben.

Fondante de Noël. S. oben.

Josephine de Malines. S. oben.

Louise Bonne d'Avranches. S. oben.

Marie Louise Delcourt. Fr. ziemlich groß, länglich, schmelzend. 1. R. Oct. Baum kräftig und fruchtbar.

Martin-sec, Trockener Martin. Fr. mittelgroß, birnenförmig, knackend. Gekocht 1. R., roh 3. R. Nov. — Jan. Baum kräftig und sehr fruchtbar.

Messire Jean, Junker Hans. Fr. groß, rundlich, knackend. Gekocht 1. R., roh 3. R. Oct. Baum mittelgroß, stark und fruchtbar.

Passe Colmar. S. oben.

Rateau gris, Syn. Poire de Livre. Fr. sehr groß, dick, birnenförmig, knackend. Gekocht 1. R. Jan. — Febr. Baum sehr kräftig und fruchtbar.

Zephirin Louis. Fr. ziemlich groß, sehr saftig und angenehm. 1. R. Dez. Jan. Baum mittelstark, kräftig und fruchtbar zu allen Formen.

Pfirsich-Varietäten.

Barrington fertile. Fr. groß, sehr schön. 1. R. Mitte Sept. Baum kräftig und fruchtbar.

Belle Beauce. Fr. groß und schön. 1. R. Mitte Sept. Baum stark, kräftig und fruchtbar.

Belle de Vitry, Syn. Admirable tardive, Späte Wunderschöne. Fr. ziemlich groß, grünlichgelb und roth. 1. R. Mitte Sept. Baum mittelgroß, kräftig und sehr fruchtbar.

Belle garde, Syn. La grosse Galante, Gros noire de Montreuil. Fr. sehr groß, weißlichgelb, rothpunktirt, bräunlich und purpurroth bemalt, aller= erster R. Baum groß, kräftig und sehr fruchtbar, verlangt einen guten und warmen Boden.

Bernardine de saint Pierre. Fr. sehr groß, vorzüglich schön. 1. R. Ende Sept. Baum kräftig und sehr fruchtbar.

Bon ouvier, Syn. Chevreuse tardive, Späte Peruanerin. Fr. groß, röthlichgelb, sehr vorzüglich. 1. R. Ende Sept. Baum mehr schwächlich, doch sehr fruchtbar.

Bourdine. Fr. groß, gelb, karmoisinroth bemalt, gestrichelt und punktirt. 1. R. Anfang Sept. Baum ziemlich stark und fruchtbar.

Brugnon violett, Syn. Brugnon rouge, Blutrother Muskateller= Härtling. Fr. mittelgroß, gelblichweiß, violett und dunkelblutroth bemalt. 1. R. Ende Sept. Baum kräftig und fruchtbar.

Canceliere à gros fruit. Fr. groß und schön. 1. R. Mitte Sept. Baum ziemlich kräftig und fruchtbar.

De Malte, Syn. Belle de Paris, Pfirsich von Malta. Fr. mittelgroß, hellgrün, roth gestreift, vorzüglich gut. 1. R. Mitte Sept. Baum kräftig und fruchtbar.

Leopold I. Fr. groß, ausgezeichnet gut, hellgelb, allererster R. Sept. — Okt. Baum sehr kräftig und außerordentlich fruchtbar.

Madelaine rouge de Courson, Syn. Grosse Madelaine, Bauern= dirne. Fr. groß, bräunlichgelb, dunkelbraun und purpurroth nüancirt, sehr gewürzhaft. 1. R. Aug. — Sept. Baum groß, kräftig und sehr fruchtbar.

Mignonne gros fruit, Syn. La grosse Mignonne, Große Lieblings= Pfirsiche, Wein=Pfirsiche. Fr. groß, gelblichgrau, roth bemalt. 1. R. Aug. — Sept. Baum sehr kräftig und sehr fruchtbar, auch als Hochstamm reichlich tragend.

Monstrueuse de Douai, Syn. Pavie de Pompone, Monströser Härt= ling. Fr. sehr groß, weißlichgrün, roth bemalt mit süßem, weinigtem, muska= tellerartigem Geschmack. Gekocht allererster Rang, roh 2. R. Mitte Okt. Baum sehr kräftig und sehr fruchtbar.

Noblesse Seedling. Fr. groß, sehr schön. 1. R. Mitte August. Baum kräftig und fruchtbar.

Pourprée hative, Frühe Purpur-Pfirsiche. Fr. groß, hellgelb, roth punktirt und bemalt. 1. R. Mitte August. Baum kräftig und auch hochstämmig erzogen sehr fruchtbar.

Pourprée tardive, Späte Purpur-Pfirsiche. Fr. groß, hellgelb, roth bemalt, sehr saftreich und gewürzhaft. 1. R. Sept. — Okt. Baum mittelgroß, mit langen Sommerschossen und ziemlich fruchtbar.

Reine des Verges. Fr. sehr groß, sehr schön dunkelroth. 1. R. Sept. Baum kräftig, fruchtbar und nicht empfindlich.

Tetou de Venus, Venus-Pfirsiche. Fr. groß, hellgelb, roth bemalt, vorzüglich gut. 1. R. Aug. — Sept. Baum ziemlich kräftig und sehr fruchtbar.

Vineuse de Fromentin, Wein-Pfirsiche von Fromentin. Fr. groß und schön mit weinigtem Geschmack. 1. R. Aug. — Sept. Baum kräftig und fruchtbar.

Willermoz, Willermoz-Pfirsiche. Fr. sehr groß, gelb, karminroth bemalt, sehr vorzüglich. 1. R. Aug. — Sept. Baum mittelstark, kräftig und fruchtbar.

Aprikosen-Varietäten.

Abricot commun, Syn. Crotte, Gewöhnliche Aprikose. Fr. mittelgroß, stark gefurcht, gelb, roth bemalt, schmelzend. 2. R. Juli. Baum mittelstark, kräftig, auch als Hochstamm sehr fruchtbar.

Admiral Rigny. Fr. groß, grünlich. 2. R. Aug. — Sept. Baum kräftig und fruchtbar.

Amande aveline, Syn. De Hollande, Holländische Ananas-Aprikose. Fr. klein, gelb, stark geröthet, braunroth gefleckt. 1. R. Ende Juli. Baum niedrig, schwächlich und sehr fruchtbar.

De Nancy, Syn. Abricot pêche, Brüsseler oder Nancyer Aprikose. Fr. groß, länglich rund, hellgelb, sehr schön roth punktirt, allererster R. Juli Aug. Baum ziemlich groß und fruchtbar.

Gros precoce, Große frühe Aprikose. Fr. groß, länglich rund, orangegelb und roth, purpurroth gefleckt, schmelzend. 1. R. Juli. Baum ziemlich kräftig und sehr fruchtbar.

Gros de Würtemberg, Große Würtemberger Aprikose. Fr. groß, orangegelb und roth, zart und schmelzend, süß, allererster R. Aug. Baum kräftig und sehr fruchtbar, besonders an Spalieren gegen Süden und Südost.

Madelaine, Magdalenen-Aprikose. Fr. ziemlich groß, orangegelb und sehr schön roth, schmelzend. 1. R. Anfang Juli. Baum mittelstark und kräftig, als Hochstamm und an Spalieren sehr fruchtbar.

Precoce d'Esperen. Fr. ziemlich groß, schmelzend. 1. R. Anfang Juli. Baum mittelgroß, kräftig und sehr fruchtbar.

Royal, **Königliche Aprikose.** Fr. groß, orangegelb, roth bemalt, süß und saftig. 1. R. Aug. Baum sehr kräftig, als Hochstamm und an Spalieren sehr fruchtbar.

Pflaumen-Varietäten.

Coes golden drop, **Coes Goldpflaume.** Fr. groß, oval, goldgelb, purpur= roth gefleckt und punktirt, roh und getrocknet sehr vorzüglich. Reift: Ende Sept. Baum mittelgroß und sehr fruchtbar.

Decaisne. Fr. groß, gelb, sehr vorzüglich. Reift: Mitte Sept. Baum kräftig und sehr fruchtbar.

De Metz, Syn. Mirabelle grosse, Mirabelle double, **Große Mira=belle.** Fr. mittelgroß, länglich rund, gelb, roth gefleckt, saftig und schmelzend, roh und getrocknet sehr vorzüglich. Reift: Mitte Aug. Baum sehr stark und fruchtbar.

De Fellenberg, Syn. Quetsche d'Italie, **Italienische blaue Zwetschge.** Fr. groß, sehr dick, oval, schwärzlich violett, süß von vorzüglichem Geschmack. Reift: Sept. Baum wenig kräftig, aber sehr fruchtbar.

De St. Catharine, **Gelbe Katharinen=Pflaume.** Fr. mittelgroß, länglich, goldgelb, süß, zart und schmelzend. Reift: Sept. — Okt. Baum hoch, kräftig und sehr fruchtbar.

Gros drap dor (Esperen). Fr. sehr groß, eirund, hellgelb, sehr vorzüglich. Reift: Sept. Baum kräftig und älter sehr fruchtbar.

Imperiale de Milan violette, **Mailander Kaiserpflaume, Violette Kaiserpflaume.** Fr. groß, länglich oval, schwärzlich violett und vorzüglich gut. Reift: Aug. — Sept. Baum mittelgroß, sehr kräftig und sehr fruchtbar.

Jefferson. Fr. sehr groß, gelb, sehr vorzüglich. Reift: Aug. — Sept. Baum ziemlich stark und sehr fruchtbar.

Martin Quetsche, Syn. Prune de St. Martin, **Martins=Pflaume.** Fr. mittelgroß, platt, rund, hellroth, dunkler gefleckt, weißlichblau beduftet. Reift: Ende Sept. Baum mittelgroß und sehr fruchtbar.

Mirabelle jaune, Syn. Mirabelle petit, **Kleine gelbe Mirabelle.** Fr. klein, länglich rund, hochgelb, leicht geröthet, weißlich beduftet, zum Trocknen sehr vorzüglich. Reift: Mitte Aug. Baum nicht sehr stark und hoch, aber sehr fruchtbar.

Perdrigon blanche, **Wahrer weißer Perdrigon.** Fr. groß, länglich rund, weißlichgelb, fein roth punktirt, weiß beduftet, zum Trocknen sehr vorzüglich. Reift: Aug. — Sept. Baum groß, stark und fruchtbar.

Prune de Montfort violette. Fr. groß, dunkelviolett, sehr vorzüglich. Reift: Aug. Baum kräftig und sehr fruchtbar.

Reine-claude de Bavey (Esperen). Fr. sehr groß, oval, weißlichgrün, zart, süß und schmelzend, sehr vorzügliche Frucht. Reift: Mitte Sept. Baum sehr kräftig und sehr fruchtbar.

Reine-claude dorée, **Goldene Reineclaude.** Fr. groß, rund, flach gedrückt, goldgelb, mit dunkelgelbem, sehr süßem, saftigem und schmelzendem Fleisch. Reift: Sept. Baum kräftig und sehr fruchtbar.

Reine-claude Verte, **Große grüne Reineclaude.** Fr. groß, grün, gelb= geadert, etwas röthlich, grau und violett gefleckt, sehr saftig, zart, süß und schmelzend, vorzügliche Frucht, besonders zum Trocknen. Reift: Sept. Baum kräftig und fruchtbar.

Reine-claude violette, **Violette Reineclaude.** Fr. groß, rund, violett, im Uebrigen von den Vorigen nicht verschieden, nur nicht so saftig wie diese. Reift: Aug. Baum groß und fruchtbar.

Royale de Tours, **Königspflaume von Tours.** Fr. groß, ovalrund, hell= roth und violett, saftig, süß weinsäuerlich. Reift: Mitte Aug. Baum groß, stark und sehr fruchtbar.

Washington. Fr. sehr groß, ovalrund, gelb und rosenröthlich, süß und saftig. Reift: Sept. Baum kräftig und sehr fruchtbar.

Kirschen=Varietäten.

Bigarreaux blanc tardive, **Späte weiße Herzkirsche.** Fr. groß, stumpf= herzförmig, gelblichweiß mit festem, süßem Fleisch. Reift: Aug. Baum stark, kräftig und sehr fruchtbar.

Bigarreaux d'Elton, **Eltoner Herzkirsche.** Fr. sehr groß, spitzherzförmig, weißlichrosenroth, fest und süß, sehr vorzüglich. Reift: Anfang Juli. Baum groß, kräftig und sehr fruchtbar.

Bigarreaux Napoleon, **Syn.** Wellington, **Lauermann's Napoleons= Herzkirsche.** Fr. groß, stumpfherzförmig, trüb, weißlichgelb, röthlich punktirt und marmorirt, mit süßem und festem Fleisch. Reift: Mitte Juli. Baum mittelgroß, kräftig und sehr fruchtbar.

Cerisiers Angleterre hative, **Syn.** May-Duke, Royal hative, **Mai= kirsche, Süße Früh=Weichsel.** Fr. groß, schwarzroth, mit dunkelrothem, sehr weichem, süßem, angenehm säuerlichem Fleisch, vorzügliche Frucht zum Rohgenuß, Einmachen, zu Kirschwein. Reift: Juni, an Spalieren gegen Norden Aug. Baum mittelgroß, ziemlich kräftig und fruchtbar.

Cerisiers Belle de Chatenay, **Chatenay's schöne Kirsche.** Fr. sehr groß und schön, süßsäuerlich, vorzüglich gut. Reift: Juli—Aug. Baum kräftig und sehr fruchtbar, zu Hochstämmen und Pyramiden.

Cerisiers Chery Duke, **Syn.** Royale d'Angleterre tardive, **König= liche Süßweichsel, Herzogenkirsche.** Fr. groß, rund, an den Seiten platt, schwärzlichroth, fest, sehr saftig und süßsäuerlich. Reift: Juli—Aug. Baum mittelgroß, kräftig und äußerst fruchtbar, zu allen Formen.

Cerisiers d'Hennequin, **Syn.** Belle de Hennequin. Fr. groß, rundlich, rothgelb, vorzüglich gut. Reift: Anfang Juli. Baum mittelgroß, kräftig und sehr fruchtbar, zu allen Formen.

Cerisiers Holmanns Duke, **Holmanns=Kirsche.** Fr. groß, braunroth, vorzüglich gut. Reift: Anfang Aug. Baum mittelgroß, sehr fruchtbar, zu allen Formen.

Cerisiers Montmorency à gros fruit, **Glaskirsche von Montmorency.** Fr. groß, plattrund, glänzendroth, mit zartem, sehr saftigem, süßsäuerlichem Fleisch. Reift: Juli. Vorzügliche Frucht. Baum ziemlich kräftig und fruchtbar, zu allen Formen.

Cerisier Monstrueuse de Bavay, Syn. Reine Hortense, Belle de Laeken, **Königin Hortense, Hybride von Läken.** Fr. sehr groß, glänzendroth, süß, von sehr angenehmem Geschmack, die größte und schönste Sauerkirsche. Reift: Juli — Aug. Baum mittelgroß, kräftig, zu allen Formen, doch nur wenig fruchtbar, auf der Ostheimer=Weichsel veredelt trägt er reichlicher.

Griottes de Charneux, Syn. Griottes du Nord, **Schatten=Amarelle.** Fr. groß, herzförmig, schwärzlich violett, mit süßem, angenehmem und gewürzhaftem Geschmack. Sehr vorzügliche Frucht besonders zum Einmachen. Reift: Sept. — Okt. Baum kräftig, zu allen Formen, eignet sich besonders gut für schattige Lagen und an Spalieren gegen Norden.

Griottes de Portugal, **Portugiesische Amarelle.** Fr. groß, braunroth, sehr schön. 1. R. Reift: Mitte Juli. Baum mittelgroß und fruchtbar zu Hochstämmen und Pyramiden.